L'humour n'est pas une [illegible] nécessaire d'intelligence mais une condition suffisante.

Vous apprécierez l'humour d'André Frossard même quand il est diabolique, puisque vous ne manquez pas d'humour en général et, en particulier, d'humour pince-sans-rire.

Que Dieu vous garde, petite Jamie.

R.P. Georgius

Georges

[illegible]

[illegible]

Les 36 preuves de l'existence du Diable

DU MÊME AUTEUR

La maison des otages
(Fort Montluc, prison allemande)
Le sel de la terre
(Les grands ordres religieux)
Voyage au pays de Jésus
Histoire paradoxale de la IVe République
Les greniers du Vatican
Votre humble serviteur, Vincent de Paul
Dieu existe, je L'ai rencontré
La France en général
Il y a un autre monde

André Frossard

LES 36 PREUVES DE L'EXISTENCE DU DIABLE

Albin Michel

22, rue Huyghens, 75014 Paris

ISBN 2-226-00612-5

1

Genève, 1er janvier

Cher monsieur,

Ce vocatif cordial vous donnera peut-être le frisson, quand vous verrez qui signe cette lettre ; mais, que voulez-vous, la sympathie ne se commande pas et d'ailleurs vous autres, journalistes, et moi-même, le Diable, ne faisons-nous pas le même métier ?

Ne composez-vous pas chaque jour avec ces « nouvelles » qui ne sont pas si nouvelles, et ces « faits divers », qui ne sont pas tellement divers, une tapisserie fragile et illusoire que vous proposez à vos contemporains comme une image de la vie, et qui n'est jamais que la projection typographique et illustrée de vos hallucinations, préjugés, partis pris et modestes lumières personnelles ?

Dans la meilleure hypothèse, un journal est une œuvre d'art comme les autres : la combinaison d'un choix et d'une mise en scène. Vous imprimez pour impressionner. Vous emprisonnez votre lecteur dans la toile de vos artifices, pour lui tirer l'œil vers la conclusion qui vous plaît : je ne fais pas autre chose, à cela près que je le fais mieux que vous ; je me demande seulement pourquoi l'on dénonce la « tentation » chez moi quand on révère l' « information » chez vous. Sans doute est-ce un effet de l'injuste réputation que m'ont faite autrefois vos prêtres, effrayés de constater que l'on commençait à croire en moi plus encore qu'en l'Autre (vous voyez qui je veux dire).

Vous aussi, vous tentez. Vous songez si peu à informer que vous faites tous le même journal. Sur vos trois chaînes de télévision, les journaux ne sont que des versions lumineuses du *Monde*. Ils produisent les images, il fournit le texte, le ton, l'analyse et la réflexion. Les événements sont présentés dans l'ordre d'importance qu'il a choisi, souvent avec les mêmes mots. Faute de disposer de l'édition du jour, qui paraît vers trois heures, le journal télévisé de midi reproduit les journaux du matin, qui s'inspirent du *Monde* de la veille, qui se recopie lui-même depuis sa fondation.

Ne me dites pas que cette belle uniformité est la preuve qu'il existe une vérité des événements dont l'évidence s'impose à tous. Si c'était le cas, vous ne la ressentiriez pas tous de la même façon pour en rendre compte dans les mêmes termes.

En fait, vous essayez tous de refaire le premier numéro du *Monde,* et c'est dans la mesure où vous n'y réussissez pas — lui non plus, du reste — que vous éprouvez la sensation de la nouveauté.

Cela dit, il n'est pas dans mes habitudes d'écrire aux journalistes, qui remplissent fort convenablement leur tâche en cultivant de leur mieux les vertus que je me suis toujours efforcé de faire prévaloir : le doute, l'envie, le mépris et, quant aux meilleurs d'entre vous, la haine.

Mais il se trouve que les affaires des hommes ayant pris enfin un tour qui m'agrée, et le monde se conduisant de telle manière que mes petites interventions deviennent de moins en moins nécessaires, je dispose de vastes loisirs que je passe comme à l'ordinaire à Genève, où j'ai un pied-à-terre.

J'aime cette ville aux tempes argentées, son jet d'eau qui ne baptise personne, le claquement souterrain de ses mandibules bancaires, le fin murmure de ses quartz horlogers, qui font entendre aux oreilles d'ailleurs inattentives l'imperceptible gémissement du temps réduit à l'aveu chiffré de sa lenteur et de sa vanité. Je déteste le temps, et je suis bien aise de le voir prisonnier. J'aime par-dessus tout le Mur de la Réformation, ce superbe appareil de pierre nue dressé non loin de la cathédrale en mon honneur, puisque son inscription me cite deux fois en trois mots : *Post tenebras lux,* après les ténèbres, la lumière. Ne me dit-on pas Prince des ténèbres, et ne suis-je pas Lucifer, le « porte-lumière », pour l'état civil angélique ?

C'est d'ailleurs le seul monument que les hommes aient élevé à ma gloire, à moi qui leur ai tout appris de ce qui les intéresse, la guerre, la luxure, le mensonge, et le reste. Alors que toutes les villes de France, pour ne parler que de votre agréable pays, ont dédié un boulevard à Émile Zola ou à Gambetta, dont tout au plus l'on peut dire qu'ils ne furent pas de mauvais diables, c'est en vain que vous chercheriez sur la terre une avenue Satan, une place Méphistophélès, la moindre rue, venelle, impasse ou boyau marquant la reconnaissance qui m'est due pour tant de bienfaits et d'excellents conseils que j'ai rarement eu à vous répéter. Sans le beau parapet de Genève, que j'ai plaisir à traverser de part en part plusieurs fois par jour — c'est mon mur du son — je n'aurais pas, moi non plus, « une pierre où poser ma tête ». Je rends grâce aux Genevois, bien qu'ils ne l'aient pas fait exprès.

C'est de là que je vous écris, et puisque vous me demandez pourquoi je vous accorde cette faveur, je vous dirai que le moment me paraît venu de rectifier certaines erreurs qui ne courent que depuis trop longtemps sur mon compte, et qui retiennent encore le monde sur la pente du salut.

Le toupet paradisiaque de quelques-uns de vos écrits me donne à penser que vous êtes homme à m'aider dans cette tâche. Permettez-moi de me dire, dans cet esprit, essentiellement mien, et accessoirement vôtre,

Le Diable

P.S. En ce 1er janvier, vous comprendrez que je ne sacrifie pas à la coutume ridicule des souhaits de nouvel an. Former un vœu est attendre quelque chose de la vie, du hasard ou de quelqu'un ; or la vie ne fait pas de cadeaux un jour qu'elle ne les reprenne le lendemain, le hasard n'existe pas, et je n'attends rien que de moi-même, ce en quoi je ne saurais trop vous conseiller de m'imiter.

2

Genève, 16 janvier

Cher monsieur,

Votre confrère en rêveries et sornettes mystiques, l'Anglais C. S. Lewis, prétendait que les hommes commettent à mon endroit deux erreurs jumelles et contradictoires, l'une par excès, l'autre par défaut : « Tantôt ils croient trop au Diable, disait-il, tantôt ils n'y croient pas assez. »

Lewis n'avait pas tort. Il est certain que votre Moyen Âge est tombé dans la première de ces deux erreurs, non qu'il s'exagérât mon importance, chose impossible ; mais il se trompait sur l'étendue de mes moyens d'action ; il les croyait illimités, alors qu'ils me sont au contraire chichement mesurés par l'Autre, qui ne joue pas franc jeu. Songez qu'aucun budget n'a été prévu pour moi dans l'économie de la création, où cependant le superflu regorge, et qu'il me faut vivre au jour le jour, comme vous dites, de ce que vous abandonnez de vos droits ou de ce que vous laissez perdre de vos énormes allocations spirituelles.

Le Moyen Âge me voyait partout, et je n'étais nulle part. Chassé par vos exorcistes, refoulé par d'incompressibles masses d'eau bénite qui m'arrivaient en plein visage comme des paquets de mer, radié par d'innombrables signes de croix, étranglé par vos chapelets et mis au pilori sur tous les chapiteaux de vos cathédrales, j'étais réduit par vos prédicateurs à l'image biblique du Serpent, ce faux trait, ce signe de la soustraction insinué sous les feuilles, cette droite onduleuse qui ne trouve de logement dans aucune forme et dont vous avez fait assez drolatiquement, quand elle se mord la queue, le symbole conjoint de la sagesse et du zéro.

Je garde un très mauvais souvenir de cette époque, et je désespérais d'en sortir quand l'idée géniale m'est venue de lancer le mot d' « obscurantisme », aussitôt repris avec enthousiasme par vos humanistes, qui lui ont fait un sort merveilleux.

L'idée était d'autant plus farce que le mot venait en contradiction absolue avec l'exubérance bariolée du temps, avec la gaicté de ses costumes mi-partis rouges et verts, jaunes et bleus, l'interrogation narquoise de ses chaussures à la poulaine, l'éclat de ses enluminures, l'incendie bleu de ses vitraux et la blancheur irritante de ses monastères contemplatifs. Qualifier d'« obscur » ce carrousel permanent de couleurs et d'extravagances empanachées était un peu gros, mais avec vous la subtilité ne paie pas. Des générations de cornichons macérés dans vos établissements scolaires se sont représenté le Moyen Âge sous l'aspect d'un tunnel rempli de chauves-souris, quand je ne vous apprendrai pas que c'était un dimanche matin plein d'un exécrable soleil.

Un deuxième trait de génie — je ne suis pas avare de ce genre de manifestation — a été de parler de « siècle », ou de « philosophie des lumières » au moment précis de l'extinction des feux spirituels, alors que ne brillait plus dans vos salons que l'espèce de phosphorescence éphémère et légèrement sulfureuse que vous appelez l'esprit. Mon XVIIIe siècle a été des plus réussis. On y tenait Voltaire pour un flambeau : le premier venu pouvait tirer de sa lecture l'agréable sensation d'être follement intelligent, et il n'en faut pas plus pour se faire une clientèle. L'homme du Moyen Âge, qui avait inventé les lois de la chevalerie et celles de l'amour courtois, passait pour un grossier compagnon ; le marquis de Sade, ses chaînes, ses obsessions, son gâtisme verbeux et ses infâmes ragoûts sexuels, pour un modèle de raffinement. Je raffole de ces méprises. Rien ne m'amuse comme de vous voir prendre Napoléon pour un grand sentimental.

Mon xxe siècle est encore plus beau. Certes, vous ne croyez guère en moi, et je ne survis dans votre vocabulaire qu'à la faveur de quelques stéréotypes, la « beauté du diable », une « créature infernale », « tirer le diable par la queue » (ce qui est reconnaître que dans certaines situations misérables vous n'espérez plus qu'en moi, la queue que vous m'attribuez faisant office de signal d'alarme) et vous employez encore couramment l'expression de « ruse diabolique », où perce l'admiration que vous me portez.

Mais enfin ces hommages ne revêtent plus la forme liturgique, sauf chez quelques occultistes qui s'imaginent, dans leur niaiserie, qu'on peut me sonner comme un larbin, comme si les purs esprits que nous sommes ne pouvaient s'exprimer autrement qu'en secouant les guéridons ou en déménageant le piano. Mis à part ces quelques adeptes dont les vénérations m'insupportent, vous vous vautrez dans l'irréligion, c'est vrai, et il est des jours où je me demande si je ne devrais pas vous rendre un peu de foi chrétienne, pour mieux faire ressortir mes services; après tout, j'ai besoin de considération tout comme un autre. Cependant, votre obéissance me console de vos manquements. Vous croyez faire votre volonté, et c'est la mienne que vous faites, avec exactitude et célérité. A peine ai-je le temps de former un désir, que vous êtes en train de le mettre à exécution. Vous courez si vite dans la voie de mes commandements que je me sens parfois un peu dépassé.

Mais n'ayez crainte : je vous rattraperai.

Ardemment vôtre,

Le Diable

3

Genève, 2 février

Cher monsieur,

Me représenter avec des cornes, des pieds fourchus et une queue bifide ou tridentée est une indignité, une erreur et un mensonge. Les cornes et le sabot fendu évoquent le bouc, animal émissaire chargé de tous les péchés d'Israël (c'est me faire involontairement beaucoup d'honneur) ou figure populaire des fornications puantes (c'est moins plaisant). La queue à deux branches est une terminaison incertaine symbolisant mon art des conclusions ambiguës ; à trois dents armées pour la lacération, elle vient de l'Apocalypse de Jean, qui signale un passage de dragons extrêmement meurtriers « concentrant dans leur queue tout leur pouvoir de nuire aux hommes ».

Toute cette imagerie m'a causé un préjudice considérable. Elle tendait à démontrer que le Mal, que je suis censé personnifier, conduit à l'animalité et engendre des monstres. Or il est établi par vos meilleurs théologiens que je suis en réalité le plus beau des anges. C'est pour conserver cette beauté que je me garde des sentiments qui pourraient la dégrader ; de la pitié, qui altère les traits, de la compassion, qui les déforme, ou de la charité, qui les creuse. C'est pourquoi, ainsi que l'a compris le plus intelligent de vos poètes,

Jamais je ne pleure et jamais je ne ris.

Comment séduirais-je, si j'étais cet animal saugrenu à griffes, écailles et ailettes que mon ancien collègue saint Michel tient piqué sous sa lance, ou ce reptile à buste de femme que certains peintres de la Renaissance enroulaient autour de l'Arbre d'Eden, ignorant qu'il y avait incompatibilité officielle entre les deux éléments de leur allégorie, et qu'il était écrit du premier Serpent, au livre de la Genèse : *Je mettrai l'inimitié entre toi et la femme, entre ta descendance et sa descendance ; elle te meurtrira la tête, et tu la mordras au talon ?*

Comment les moitiés de femme et de serpent soudées par vos imagiers dans cette espèce de sirène ophidienne parviendraient-elles à réaliser la prophétie, l'une étant dépourvue de tête, et l'autre de talon ?

Notez que je n'ai pas tardé à tirer parti de mon

infortune iconographique. J'ai mis à profit ces invraisemblances pour vous apprendre à vous défier des images, et je me suis servi de ce qu'il y avait de faux en elles pour vous faire douter de ce qu'elles exprimaient de vrai. Bien joué, à mon avis.

Toutefois, aujourd'hui que vous êtes libérés du langage enfantin de la représentation figurée et que vous vivez dans le beau ciel incolore des abstractions, j'aimerais assez recouvrer l'admiration des esthètes capables d'apprécier dans tout son invisible éclat l'Idée pure que je suis, autour de laquelle commencent à s'agencer toutes les vôtres.

Je compte sur vous pour favoriser ma réintégration dans l'estime des connaisseurs.

A bientôt,

Le Diable

4

Paris, 3 février

Cher monsieur,

Français, vous me plaisez. Vous êtes presque aussi menteurs que moi ; mais c'est à vous-mêmes que vous ne vous lassez pas de mentir.

Vous vous êtes longtemps laissé dire « le peuple le plus spirituel de la terre », et vous ne rougissez pas d'entendre encore quelques braves indigènes de la Patagonie ou du Pérou célébrer votre « douce France » comme « le pays de la liberté, de l'égalité, de la fraternité », le refuge des persécutés, la terre d'élection du « bon sens », de la « mesure » et de l' « humanité ». Voilà de beaux tours de propagande et qui me rendraient jaloux, si ce bas sentiment pouvait atteindre mes sommets.

Car, au sens religieux, vous n'êtes pas plus « spirituels » que vos voisins ; vous le seriez plutôt moins. Les grands mystiques de votre religion sont espagnols comme Thérèse d'Avila, quand ils ne sont pas allemands comme Maître Eckhart ou hollandais comme Ruysbroek. Le plus grand théologien de votre Église porte le nom de son village : Aquin, qui est au nord de Naples.

Vous vous enorgueillissiez jadis de vos grands ordres monastiques, mais c'est le Rhénan Bruno qui a fondé votre Chartreuse, et l'Anglais Harding votre Trappe ; vos franciscains et vos bénédictins venaient d'Italie, vos jésuites et vos carmes d'Espagne, tout comme vos dominicains ; je vous concède les frères Quatre-bras, qui vous ont enseigné la doctrine chrétienne, et n'ont pas eu assez de leurs quatre mains pour la retenir.

Dans le domaine de la spiritualité, votre pensée n'est jamais allée plus haut que les mathématiques ; aussi ne placez-vous personne au-dessus de Pascal, qui a mis votre destinée en équation, et dont vous avez fait l'apôtre de la « religion du cœur » après qu'il eut tenté de vous séduire avec son fameux « pari » où le cœur n'a pas la moindre part.

Au sens léger du mot *spirituel,* on vous accordera quelques hommes de talent ; mais vous avez fait un sort médiocre aux plus fins, pour exalter sans mesure les plus grossiers. Il faut dire qu'il y a deux sortes d'hommes d'esprit : ceux qui donnent à leur lecteur l'agréable impression d'en avoir autant qu'eux, et ceux qui lui infligent la pénible sensation d'en être dépourvu ; il est bien naturel de préférer les premiers aux seconds. Je veux bien que vous ayez inventé le calembour et le contrepet : l'apport n'est pas négligeable ; je crains seulement que vous ne vous en exagériez l'importance.

Chers Français, vous vous croyez *justes,* mais, de la justice, vous n'avez jamais eu ni la théorie ni la pratique. Rappelez-vous que, des siècles durant, votre pays a été le seul au monde où l'on pût acheter et revendre le droit de juger son semblable ; Voltaire s'en étranglait d'indignation. Vous n'avez mis fin à cette excentricité que pour instituer des tribunaux dits populaires, qui jugeaient sans lois, ou qui modifiaient leur règlement en cours d'audience, quand l'accusé semblait sur le point d'en tirer parti : votre célèbre Danton a fait l'expérience de cette mobilité procédurière avant de demander pardon « à Dieu et aux hommes » d'avoir inventé le tribunal qui venait de le condamner sans l'entendre. Jamais je n'ai tant ri, si ce n'est pendant l'affaire Dreyfus, lorsque vos juges, s'étant aperçus qu'ils avaient condamné par erreur un innocent, cassèrent son procès et le condamnèrent une deuxième fois en toute connaissance de cause. L'exemple est sans précédent, et je doute que Ponce Pilate lui-même eût condamné Jésus de Nazareth une deuxième fois, s'il avait pu revenir sur la première.

Pendant la dernière guerre, vos gouvernants ont mis en œuvre toutes sortes de moyens aussi dénués de scrupules que de miséricorde pour éliminer leurs adversaires ; puis d'autres épurateurs sont venus, qui ont épuré les anciens, avec le même genre de lois rétroactives et de tribunaux factices.

Les autres formes de justice ne sont pas mieux servies chez vous. La justice sociale a fait le tour de l'Europe avant d'entrer timidement dans votre pays en 1936 ; cependant quarante ans plus tard l'écart entre riches et pauvres était encore deux fois plus grand en France que dans les pays circumvoisins. La justice fiscale est un inusable thème d'éloquence parlementaire ; mais vos paysans ne paient pas d'impôts, pour la raison qu'ils n'aiment pas cela. Ils se fâcheraient, si l'on s'avisait de leur en demander ; aucun gouvernement ne s'y risque, crainte de voir ses routes obstruées par des tracteurs, ou ses préfectures ensevelies sous des montagnes de betteraves. Vos commerçants, pour la plupart, ne paient pas non plus ce qu'ils devraient payer. Ils se plaignent à grands cris d'être écorchés par le fisc, et leur véhémence en impose tant, que l'on n'ose les imposer. Vos riches industriels cotisent, il est vrai.

Mais ils ont la faculté de moduler leurs revenus, ce qui n'est pas le cas du simple salarié. Aussi celui-ci porte-t-il tout le poids de l'impôt, avec quelques vaniteux assez maladroits pour acheter des Rolls-Royce, au lieu d'acheter des tracteurs.

Ainsi, ne parlons pas de justice entre nous, s'il vous plaît. Ne parlons pas non plus de liberté. Les Grecs l'avaient déjà inventée, codifiée et perdue que vous rampiez encore aux pieds de vos druides, dans vos forêts de glands. Vous l'avez découverte deux mille ans après les Athéniens, mais vous aviez à peine écrit son nom sur la façade de Notre-Dame de Paris que vous en ouvriez les portes pour couronner un empereur, qui allait changer votre pays en caserne. Je me rappelle fort distinctement avoir vu la moitié de vos intellectuels révérer Hitler, et l'autre moitié Staline : au « pays de la liberté » ce sont des vénérations qui surprennent, vous en conviendrez. Aujourd'hui encore, des millions de vos électeurs sont prêts à troquer leur liberté contre des promesses d'égalité dont tout le monde sait qu'elles ne seront jamais tenues.

Quant à votre *humanité,* chers Français, on ne la trouve chez vous qu'au pluriel, dans vos programmes universitaires. Elle est absente de vos hôpitaux, de vos prisons, de vos administrations, de vos usines et même de vos écoles.

Avec leurs alignements de malades ramenés à leur plus simple expression médicale, réduits à deviner leur sort sur le visage de bois des sommités qui s'arrêtent un instant le matin au pied de leur lit et ne daignent pas toujours les instruire de leur cas, vos hôpitaux, laissez-moi vous le dire, sont de véritables antichambres du paradis. Vos prisons, de même. Vous attachez si peu de prix à la liberté qu'en être privé vous paraît peu de chose, si l'on n'y ajoute l'humiliation et la brimade. Il faut que les condamnés expient la peur qu'ils vous font, et lorsque l'administration fait un effort pour rendre le régime pénitentiaire moins inhumain, vous criez à la « prison trois étoiles ». A la grimace que vous faites, on dirait que ces adoucissements superficiels sont autant de vexations que l'on vous inflige.

Vous vous méfiez horriblement les uns des autres, et votre pays est sans doute le seul — je vérifierai — où le voyageur de chemin de fer soit contrôlé à l'entrée et à la sortie de la gare, souvent sur le quai, et une ou deux fois dans le train. A tous vos guichets, la rebuffade et la mauvaise volonté sont de règle. Qui s'y présente est demandeur, donc en état d'infériorité ; il s'agit d'en profiter. On ne se soucie pas de l'aider : on cherche le vice de forme, la virgule déplacée qui permettra de lui refuser son dû, ou de le lui faire attendre. Vos commerçants eux-mêmes, qui détestent se séparer de leur belle et bonne marchandise contre une monnaie aléatoire, éprouvent d'emblée une aversion profonde du client qui vient dégarnir leurs rayons, et ils ne sont jamais aussi heureux que lorsqu'ils peuvent l'informer qu' « il n'y en a plus », et qu' « on n'en recevra pas avant longtemps ». On comprend le succès des ventes par correspondance, qui épargnent à l'acheteur la mauvaise humeur permanente de la vendeuse et du patron.

Je dis que vous manquez d'humanité jusque dans vos écoles : je n'ai pas la berlue, j'ai vu, les jours d'examen, plus d'un examinateur jouer avec un enfant apeuré comme le chat avec la souris, railler cruellement son ignorance et jouir de son embarras avant de lui allonger le coup de patte décisif de la note éliminatoire.

En tout lieu où s'établissent des rapports de supérieurs à inférieurs ou de possédants à démunis, quand la supériorité ne tient qu'à un peu plus de savoir ou qu'en fait de puissance on ne détient qu'un tampon à encre, vos relations sont régies par la suspicion et l'hostilité. Vous n'attendez rien les uns des autres. Si le riche a un bon mouvement, le pauvre l'imputera au calcul, et si le pauvre se permet de vivre un quart d'heure au-dessus de ses moyens (cas fréquent, chez les gens qui n'en ont pas), le riche scandalisé attendra avec impatience le moment de l'addition.

Cela dit, rassurez-vous, chers Français. Vous n'êtes pas pires que les autres. Je voudrais simplement que vous ne vous croyiez pas meilleurs, et que vous cessiez de vous dire les disciples du Galiléen, quand tout dans votre conduite tend à prouver que vous êtes les miens.

Que cette petite mercuriale affectueuse ne vous incite point à vous amender. Il est exact qu'il y a chez vous une certaine disponibilité spirituelle qui vous permet parfois de vous dépasser, et de résister aux tendances qui vous rapprochent de moi. N'en faites pas usage, je vous en aimerais moins. Montrez-vous incorrigibles, soyez vous-mêmes, et portez-vous bien.

Le Diable

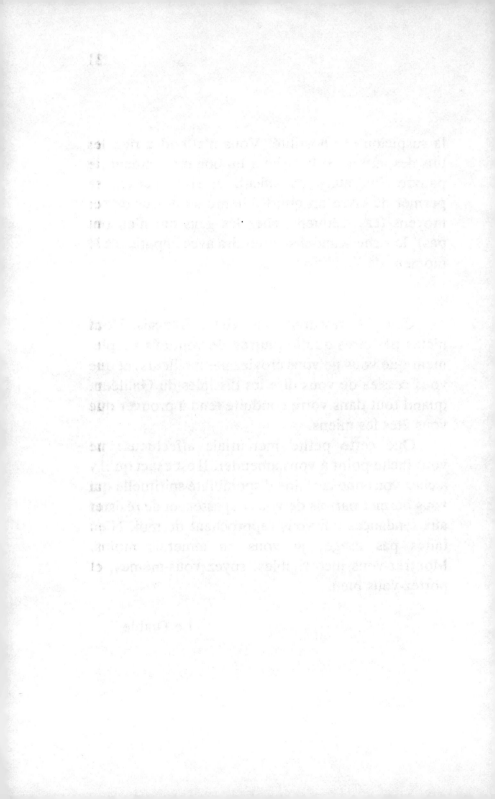

5

Paris, 6 février

Cher monsieur,

Ma franchise vous étonne. Drôle de diable, qui parle de ses affaires avec cette simplicité à un inconnu ! Mais vous n'êtes pas un inconnu pour moi, mon très cher monsieur. Il m'est arrivé d'apprécier tel ou tel de vos articles du *Figaro,* et d'ailleurs, dites-vous bien que je ne vous parlerais pas avec cet abandon si vous étiez de ces individus que l'Église catholique qualifie de « saints » et inscrit à son calendrier, quitte à les radier de la nomenclature quand elle s'aperçoit qu'ils n'ont jamais existé. Une seule de ces déplorables créatures peut me causer plus d'embarras que le reste de l'humanité. Ce hippie, ce fantaisiste déguenillé, ce « clochard italien » de François d'Assise a retardé de deux bons siècles le délicieux moment d'apostasie collective que vous décorez du nom de « Renaissance ».

Ce mauvais plaisant avec sa poésie, sa manière extravagante d'étendre l'Évangile à toute la nature en adressant des discours insensés à son « frère » le Loup ou à sa « sœur » l'Eau — pourquoi pas à son petit cousin l' « Acarus sarcopte qui produit la gale » — a procuré au christianisme un regain de fraîcheur inattendu qui m'a forcé de reconsidérer mon planning. Une petite fille insignifiante comme Thérèse de Lisieux m'a donné de la tablature, elle aussi, avec son entêtement, ses roses et cette insupportable humilité qui regagnait tous les jours du terrain sur mes possessions. Tandis que je séduisais les intelligences, elle corrompait les cœurs par milliers, voire par millions. J'ai mis un terme à ses activités, je l'espère du moins, en la livrant à vos abbés psychanalystes, qui ont fort habilement ramené sa mystique à ses données les plus naturelles, en expliquant son désir de faire pleuvoir des roses du haut du ciel par le souvenir de sa nourrice, qui s'appelait Rose. Se fût-elle appelée Marguerite, que Thérèse vous envoyait des pâquerettes. Une chance pour vous que l'on n'ait pas donné le nom de Pierrette à cette brave personne : vous seriez exposés à des ouragans de cailloux.

Je ne vous apprendrai rien en vous disant que vous n'appartenez pas à cette redoutable espèce. Vous n'êtes pas un saint, je peux vous faire confiance. Vous ne changerez rien à ce qui doit arriver, et dont les pages qui suivent vont vous instruire.

Serviteur,

Le Diable

6

Princeton, 2 mars

Cher monsieur,

Quand je dis « serviteur », comme à la fin de ma dernière lettre, il s'agit bien entendu d'un simple usage de politesse. Je ne sers personne. Ne renversons pas les rôles : on me sert.

Lorsque dans l'épisode évangélique de la « Tentation sur la montagne » j'ai offert au fondateur de votre religion la jouissance usufruitière de « tous les royaumes de la terre » concentrés par mes soins dans l'espace exigu de la vallée de Jéricho — soit dit en passant, on aurait pu saluer le tour de force technique ; on ne l'a pas fait, j'ai le regret de le constater — il y avait une condition : qu'Il me serve. Qu'Il n'y ait pas consenti est une autre histoire. Ce que je tiens à souligner ici est qu'à aucun moment je n'ai mis ma personne à sa disposition, comme cette ganache de Goethe imagine que je l'ai fait au bénéfice de son docteur Faust.

Pourquoi diable — cette expression me plaît — me serais-je fait le domestique d'un vieux fou d'alchimiste qui m'était déjà plus qu'à moitié acquis ? Toute la légende de Faust est une parabole. Cet or dont l'alchimie cherchait à maîtriser la formule n'est évidemment pas autre chose que la sagesse, considérée par tous vos bons auteurs, et même par les mauvais, comme le plus précieux de tous les biens. Le plomb, vile matière première de la transmutation, ce sont les humbles travaux et les médiocrités de la vie quotidienne : que l'agent de la transformation du plomb en or soit appelé pierre « philosophale » dit assez qu'il s'agit en vérité d'une opération de l'esprit, et non d'une grossière manipulation de laboratoire. Me voyez-vous fournissant la sagesse au docteur Faust en échange d'une promesse d'âme sur parchemin, comme dans la scène mise en musique par Gounod :

Et de sa plume il égratigne, tigne, tigne,
il égratigne le vélin ?

Idiot. A peine le docteur Faust eût-il apposé son paraphe que ses yeux dessillés par la sagesse lui eussent révélé son erreur. Il eût passé le reste de son existence, non à me réclamer la jeunesse et l'amour, mais à pleurer ses péchés et à m'en demander l'absolution. Ma situation eût été pire que la sienne.

Au surplus je n'ai pas de ces rapports méfiants et sordidement contractuels avec les savants. Nos relations sont tout à fait correctes et détendues.

Je viens de passer une semaine au congrès scientifique de Princeton[1] d'où je vous écris cette lettre avant de regagner Genève : vous n'imaginez pas à quel point ce fut pour moi agréable et reposant. Ce qui me plaît par-dessus tout chez les hommes de science, c'est leur innocence, que, pour employer un mot à la mode, je qualifierai de fondamentale.

Ils sont innocents par nature, comme on est brun ou blond, et ils le restent sans effort, quoi qu'ils fassent, ou laissent faire. Tous les hommes sont comptables de leurs actes, eux exceptés ; c'est un spectacle bien rafraîchissant que de les voir si purs dans ce monde corrompu. Avant-hier, l'un d'eux parlait au tableau noir des variations de l'appétence de la carotte chez le tuku-tuku. Rose et frais, jamais vous n'eussiez deviné qu'il venait d'inventer un gaz dont un flacon de quelques centimètres cubes suffirait à défolier le Brésil. Son

1. Note du destinataire : Vérification faite, il n'y a pas eu de congrès à Princeton à la date indiquée.

visage ne portait nulle trace d'inquiétude ou de souci ; l'irresponsabilité est un inaliénable privilège de la condition scientifique.

Je n'ai pas entendu dire que les alchimistes de Los Alamos eussent perdu le sommeil après Hiroshima et Nagasaki. C'est un aviateur qui est entré à la Trappe après avoir déposé sa bombe ; ceux qui la lui avaient fournie ne l'ont même pas accompagné jusqu'à la porte du couvent. Quelques-uns de ces excellents artisans de mort subite ont protesté par la suite, étonnés que l'on eût tué tant de monde avec le moyen d'extermination qu'ils avaient fourni au gouvernement de leur pays ; leur surprise était sincère. L'étendue des dommages, qui touchait leur cœur, n'affectait pas leur conscience.

Lorsque, peu avant la Première Guerre mondiale (si mes souvenirs sont exacts), l'illustre Rutherford eut l'idée de lancer des atomes les uns contre les autres, il ignorait si son expérience n'allait pas déclencher une réaction en chaîne capable d'emporter, avec son laboratoire, la ville et l'Angleterre. Il y procéda tout de même, après avoir prévenu les honorables physiciens ses correspondants. Le jour (et je vous informe qu'il ne tardera plus) où vos biologistes auront trouvé le moyen de modifier la nature humaine en agissant sur ses cellules initiales, ils l'emploieront, n'en doutez pas, quand ils devraient dans un premier temps peupler la terre de phénomènes de foire. Le scientifique opère par-delà le bien et le mal, dans l'ordre sublime de la connaissance pure. Il serait, à mon sens, très au-dessous de son état de s'interroger sur les suites de ses découvertes ; il chercherait moins bien, ne découvrirait plus guère, et perdrait bientôt le sourire de sa sérénité statutaire.

Je vais demander à Ponce Pilate d'assumer le patronage de la corporation. Après ses malheurs, cette petite compensation honorifique lui est due. Il apportera sa cuvette, et je fournirai le savon.

Toujours bien vôtre,

Le Diable

7

Helsinki, 6 mars

Cher monsieur,

Quant au charme et au climat, Helsinki ne vaut pas Genève, mais de temps en temps j'ai besoin de fraîcheur, et puis il se tenait chez ces gentils Lapons une conférence universelle des droits de l'homme que je n'aurais pas manquée pour un empire de plus.

De fait, j'en ai retiré bien des satisfactions. On a délibéré sous mes ailes, et j'ai rarement eu l'occasion de couver autant de mensonges à la fois.

Ancrés depuis soixante ans dans la dictature la moins sujette aux faiblesses démocratiques, les Russes se posaient en champions des libertés individuelles. Les Occidentaux faisaient semblant d'être dupes, et les Russes à leur tour feignaient de croire que l'on croyait à leur sincérité. Merveilleux scénario, sur lequel les belles vertus d'hypocrisie et d'iniquité n'ont pas fini de broder.

Lorsqu'ils parlent de liberté, vous vous doutez bien que les Russes ne comptent vraiment tromper personne. La nature de leurs sentiments à l'égard des valeurs bourgeoises est connue. Il leur suffit qu'il soit officiellement admis, par la signature conjointe d'un document international, que le même mot peut recouvrir deux réalités opposées, et qualifier aussi bien les régimes où la liberté existe, que ceux où elle n'existe pas.

Après quoi, il n'est plus que de laisser faire les intellectuels occidentaux, toujours prêts à douter des mots dont la définition les embarrasse. Cette « liberté » qui peut s'entendre en deux sens différents selon que l'on regarde à l'Est ou à l'Ouest, ils vous diront bientôt qu'elle n'existe pas : c'est leur manière habituelle de se défaire des difficultés.

Quant aux dirigeants russes, ils opposeront triomphalement l'accord d'Helsinki à toute réclamation de leurs sujets : vous voyez bien, leur diront-ils, que vous disposez des mêmes libertés que les Occidentaux, puisque le même vocable sert à les désigner sur le papier que voici.

Ainsi tout le monde sera-t-il floué. Les Occidentaux, qui ne retireront que des inconvénients du brevet de libéralisme décerné à un régime policier. Les intellectuels de gauche, privés du mot qui est à l'origine de leur pensée. Les peuples de l'Union soviétique, contraints à un surcroît de résignation ;

les « dissidents » de l'Est, découragés par le défaitisme intellectuel de leurs confrères occidentaux ; et, en fin de compte, les dirigeants soviétiques eux-mêmes, qui ne pourront pas interdire éternellement à leurs compatriotes de faire l'expérience de ces droits de l'homme qu'on leur reconnaît si largement par écrit.

Excellente opération, qui m'a rendu le goût des conférences internationales, où j'ai tendance à m'ennuyer. Je me suis promis d'honorer la prochaine de ma présence.

Croyez, cher monsieur, aux bons sentiments de celui qui ne demande qu'à se dire vôtre,

Le Diable

8

Cap Kennedy, 16 mars

Cher monsieur,

Vos ancêtres les Gaulois ne craignaient qu'une chose, qui était que le ciel ne leur tombât sur la tête : c'était une façon imagée d'exprimer leur frayeur des tremblements de terre, qui donnent en effet aux humains la sensation pénible d'un brusque retrait de support suivi d'une permutation inopinée du haut et du bas.

Aujourd'hui, vos terreurs sont beaucoup plus nombreuses qu'au temps des cités lacustres. Je citerai pour mémoire la pollution, dont vous craignez qu'à brève échéance elle ne vous retire, avec l'oxygène et l'eau, la respiration et la vie ; la bombe atomique, qui peut d'un instant à l'autre vous transformer en lumière et en chaleur, les éventuels rescapés errant parmi les retombées radioactives étant plus à plaindre encore que les défunts éparpillés dans l'atmosphère ; la surpopulation, qui menace de vous presser les uns contre les autres jusqu'à vous ôter le mouvement, sur une terre changée en boule de gui, ou en nid de guêpes promises à l'étouffement et à la dessication. Tristes perspectives.

Mais je me demande si votre terreur la plus grande, quoique le moins souvent exprimée, n'est pas d'être seuls dans l'univers, perdus à la queue d'une traînée lactescente d'étoiles et de pierraille, le nez dans le gaz et saisis par les pieds !

Et s'il n'y avait personne ailleurs ? Si la vie n'avait pris comme une improbable mayonnaise qu'en un seul point des espaces infinis ? Si vous n'aviez ni prochain ni semblable dans l'immense trou noir où vous gravitez jour et nuit à la vitesse d'un boulet de canon ? La question vous ronge secrètement, et vous pensez bien que je ne vais pas y répondre ici : elle a en vous des conséquences dont je n'ai pas fini d'exploiter les contradictions. Car tantôt vous vous considérez comme le roi et la conscience du monde, le chef-d'œuvre de la nature tiré par elle à un exemplaire unique ; tantôt comme le résultat précaire d'une suite de hasards heureux : passant de l'exaltation à l'abattement, vous ne voyez plus en vous qu'une petite excroissance mobile sur la gelée des condensations originelles, un ver sur une croûte de fromage, une coagulation fortuite de molécules, peu de chose, autant dire rien. Vous aimeriez qu'il y eût des êtres à votre ressemblance dans le tourbillon des galaxies, qui vinssent à la fois rompre votre solitude, partager avec vous la responsabilité morale de l'univers et donner comme un air de nécessité au hasard dont vous redoutez d'être issus.

C'est ce qui m'a donné l'idée de traiter vos angoisses astronomiques par le procédé simple et efficace du « report d'espérance », pour lequel je suis assuré du concours obligeant et désintéressé de vos mass media. Un de mes bons tours, qui vous mène de déception en déception sans rien vous faire perdre de vos illusions.

Ainsi vous ai-je suggéré jadis qu'il pouvait y avoir des habitants sur la Lune, faits comme les petits personnages de Jérôme Bosch (pour vous donner l'impression du déjà-vu, et gagner par là quelque crédibilité). Vous les avez appelés « Sélénites », et toute votre littérature de la fin du siècle dernier s'est mise à vous les décrire, bulbeux et blafards, menant une existence molle de bigorneaux incrustés dans la pierre ponce de leur planète, ou flottant au ras du sol, délestés et ralentis par l'absence d'atmosphère et la fragilité de leur constitution. Puis vous avez réussi — pas mal, je le reconnais, pour de pauvres limaces — à vous rendre sur place, grâce à un engin un peu plus raffiné que vos moyens de transport habituels. Vous saviez depuis longtemps que vous ne rencontreriez pas âme qui vive dans ce désert décoloré. Mais n'y avait-il pas quelque embryon de vie décelable au milieu de cette farine de cailloux ? Non. Point de vie.

Je vous ai alors proposé des Martiens, et presque aussitôt, lecture faite de Wells et de Bradbury, nombre d'entre vous ont juré qu'ils en avaient vu, de leurs yeux vu, descendant de leurs soucoupes avec des jambes grêles et une tête en poire, parfois pourvus de bras télescopiques (souvenirs de cabinet dentaire) ou d'un œil lumineux (c'est la lampe frontale de l'oto-rhino), combinant le technocrate et le têtard évolutionniste dans leur frêle carcasse surmontée d'un énorme globe cérébral : ce fut le temps des « petits hommes verts ». Petits, car le progrès des techniques ôte de leur utilité aux musculatures puissantes, et verts, couleur de peau inconnue sur la Terre et invitant à prêter au Martien une aptitude féerique à la photosynthèse. Vos gendarmes ont recueilli quantité de témoignages sur ces apparitions, qui s'enrichissaient chaque fois d'un détail nouveau.

Je n'étais pas mécontent de votre imagination. Elle allait dans la bonne voie, qui est celle de la caricature systématique des formes créées, dont je ne supporte pas mieux que vous la composition arbitraire. Mais veuillez m'excuser. On m'appelle du Proche-Orient, où la menace de paix semble se préciser. Je suis à vous dans un instant.

Le Diable

9

Genève, même jour

Cher monsieur,

Fausse alerte. La guerre civile a repris au Proche-Orient sans que j'aie eu le moins du monde à intervenir. Mais j'emploie là-bas des débutants impressionnables qui s'affolent sans motif et à qui je me charge d'enseigner le sang-froid.

Dans ma dernière lettre je vous parlais des Martiens. L'éloignement de leur planète, qui tourne à sept mois d'escalade de la vôtre, permettait de leur prédire une belle carrière dans l'imagination populaire. Il était même probable que vos gouvernants mettraient un jour à profit l'existence des petits hommes verts pour leur faire endosser la responsabilité de tout ce qui peut dégrader votre environnement. Ils eussent fourni des accusés permanents et insaisissables, coupables de polluer les eaux, de pomper l'oxygène, de détraquer les saisons et de gâter cette « qualité de la vie » que vous préférez, paraît-il, à la quantité. Bref, ils eussent joué le rôle néfaste qui m'était attribué autrefois ; faute de Diable, vos ministres auraient eu des Martiens pour faire taire vos réclamations, et j'aurais vu avec intérêt la naissance de cette nouvelle mythologie.

L'épisode a été abrégé par les sondes Viking. A vue de caméras et de microscopes, il n'y avait pas plus de Martiens que de Sélénites. La planète rouge et rose n'était qu'une de ces boules inutiles comme l'Autre en a dissipé des myriades dans l'univers sans prendre la peine d'expliquer la raison de ce gaspillage. Ce fut, je l'admets, une perte pour ma petite mythologie de remplacement.

Mais les sondes Viking avaient à peine communiqué leurs mornes constatations à la N.A.S.A. que mon dispositif du « report d'espérance » se mettait à fonctionner : si, la Terre exceptée, le système solaire était vide de vivants, rien n'empêchait de penser que les galaxies lointaines fussent habitées. Vos mass media commencèrent à parler d'Alpha du Centaure, autour de laquelle pourraient se trouver réunies des conditions favorables à l'éclosion de la vie.

Or, selon vos unités de mesure intersidérales, Alpha du Centaure est à plusieurs années-lumière de la Terre, soit à plusieurs fois la distance que la lumière parcourt en un an à raison de trois cent mille kilomètres par seconde ; c'est dire si vous avez peu de chances de jamais aller prendre sur place la température de cette étoile jaune, à moins de vous changer en photons et de voyager à la vitesse d'un rayon de soleil. Mais vos media ne se laissent pas abattre par les difficultés de ce genre, et ils vous donnent couramment à entendre que celle-là sera résolue comme les autres. Vous vous imaginez déjà conversant familièrement avec des Centaurins. La configuration de ces derniers n'a pas encore été fixée, mais elle empruntera sans doute quelques traits aux Sélénites, disparus à la fleur de l'âge, et aux Martiens, prématurément enlevés à l'affection des romanciers.

En attendant, toute activité spéculative sur les fins dernières de l'homme sera suspendue.

C'est tout ce que je demande.

Croyez, etc.

Le Diable

10

Paris, 1er avril

Cher monsieur,

Le « report d'espérance » dont je vous parlais dans ma dernière missive n'est bien entendu qu'un expédient provisoire. Son utilité cessera avec votre dernière angoisse métaphysique, c'est-à-dire bientôt. Probablement destiné (On ne me dit pas tout, On[1] me dissimule certaines intentions) à vous donner une idée de l'infini propre à exalter votre minuscule intellect, le champ des étoiles déployé sur vos têtes va s'éteindre prochainement : c'est une information dont j'ai plaisir à vous offrir la primeur. La fréquentation de quelques astres voisins de votre planète devrait normalement vous ôter beaucoup de votre curiosité pour les autres, l'accoutumance

1. Note du destinataire : le lecteur aura remarqué que notre correspondant ne nomme jamais Dieu, qui pour lui est l' « Autre », ou simplement « On », le vocable « Dieu » n'apparaissant que dans les formules tirées de notre langage courant.

étant l'un des meilleurs moyens que je connaisse de guérir l'inquiétude spirituelle.

Connaissant les étoiles, vous les interrogerez moins. Vous saurez tout de leur composition, de leur température, et avec votre propension à croire qu'il suffit de percer un secret pour dissiper un mystère, vous n'attendrez plus rien d'elles. C'est en vain qu'elles multiplieront leurs clins d'œil dans l'espace, et qu'elles tenteront de solliciter votre intelligence par le vide. La « science » a sur vous de ces effets miraculeux : au lieu de grandir avec ses découvertes, l'étonnement diminue dans l'esprit public.

Les anxiolytiques feront le reste. On vous fournira des pilules antimétaphysiques. Vous en prenez déjà. Continuez. C'est le meilleur conseil que puisse vous donner celui qui ne demande qu'à se dire éternellement vôtre,

Le Diable

11

Paris, 10 juin

Cher monsieur,

Ne cherchez pas à me répondre, c'est inutile. Je passerai dimanche à la messe. Vous aurez bien une petite pensée pour moi.

Car je vais assez volontiers à la messe depuis quelque temps. Eh oui, monsieur l'étonné professionnel. Je n'y suis pas encore tout à fait à l'aise, mais enfin j'y souffre moins qu'autrefois, du temps par exemple que le Père Lamy, ce vieux curé de La Courneuve connu de vos amis Maritain, plus qu'à demi aveugle en ce monde mais non pas dans l'autre, célébrait avec une humilité agaçante et cruelle. Je l'aurais bien fait flamber, lui, ses bouquins, son matériel et ses ornements, s'il n'avait bénéficié de ces protections scandaleuses qui m'interdisent les réactions les plus naturelles.

Heureusement, je peux compter sur les vôtres. Votre manière de dire la messe en noyant ses mystères sous un flot de paroles m'apporte bien du soulagement, sans parler de l'étrange sensation, à vrai dire assez difficile à identifier (peut-être appelleriez-vous cela un tiraillement des zygomatiques) que j'éprouve à regarder vos bonnes dames du XVIe arrondissement s'essayer aux volutes vocales du « negro spiritual » avec le naturel d'un notaire en goguette au carnaval de Rio. Votre langue s'accorde mal à cette manière de chanter. Le français est peut-être un bon instrument de culture, mais ce n'est pas un instrument de musique ; on le constate dans vos églises aussi bien qu'à l'Opéra.

La houle pacifiée du grégorien convenait mieux à votre liturgie, mais le grégorien se chantait en latin. Soucieux de se faire comprendre des fidèles, vos pasteurs ont renoncé à cette langue morte. Le moment était venu de se rapprocher du peuple en lui tenant un discours intelligible, et c'est pourquoi vos pasteurs ont eu l'idée de lui parler grec, et de l'entretenir d' « eschatologie », de « théophanie », de « kérygme » et de « logia » Il est certain que le grand public s'y reconnaît beaucoup mieux. Déconcerté par le « Memento » latin, il retrouve son vocabulaire ordinaire dans l' « anamnèse » ; le grec ancien est un remarquable moyen de pénétration dans les couches populaires, encore qu'on ne l'étudie plus guère à la Sorbonne. Le goût de vos théologiens pour les spiritualités orientales me permet d'espérer que vous passerez bientôt, toujours dans l'intention de favoriser le dialogue de l'Église et des classes laborieuses, du grec au sanscrit. J'en félicite vos pasteurs par avance.

Je les félicite aussi de vous faire chanter en chœur tous les dimanches : « Nous proclamons ta mort, seigneur Jésus, nous célébrons ta résurrection » etc. Sous le coup de la révélation, les chrétiens des premiers temps eussent probablement inversé l'ordre des verbes, et célébré la mort pour mieux proclamer la résurrection, tant il leur semblait que celle-ci fût l'annonce la plus intéressante qu'ils eussent à faire. Il faut dire qu'ils y croyaient encore. Vous préférez « proclamer » la mauvaise nouvelle, en vous contentant de « célébrer » la bonne : vous pensez bien que je n'y vois aucun inconvénient. Après la « mort de Dieu », celle de Jésus-Christ est une proclamation bien agréable à entendre. Lorsque vous aurez joint le Saint Esprit au convoi, je m'estimerai comblé [1].

1. Note du destinataire : Mon correspondant exagère. En l'occurrence, on ne peut guère reprocher aux liturgistes qu'une certaine surdité littéraire, qui les empêche de percevoir la supériorité, quant aux décibels, de la « proclamation » sur la « célébration ».

J'ai de même des compliments à vous faire pour votre traduction œcuménique du « Notre Père », exaspérante prière de subordination infantile où les syllabes mouillées, collantes du « Que ton règne vienne » évoquent à merveille les bouillies du bas âge.

Je vous accorderai une bonne note supplémentaire pour « le pain de ce jour », qui remplace le « pain quotidien » de vos antiques versions en lui ajoutant une légitime revendication de fraîcheur. Le « pain quotidien » ne précisait pas la fournée ; le « Donne-nous aujourd'hui notre pain de ce jour » exclut le pain rassis ; j'approuve.

J'approuve également votre traduction de la cinquième demande : « Pardonne-nous nos offenses, comme nous pardonnons *aussi* à ceux qui nous ont offensés. » Il y avait une difficulté. Vous aviez à demander au ciel de vous pardonner, comme il vous a appris à le faire envers autrui. En disant « Pardonne, comme nous pardonnons », vous aviez l'air de montrer l'exemple : c'était ajouter une offense de plus à celles que vous aviez en compte. Votre « Pardonne comme nous pardonnons *aussi* » n'arrange pas grand-chose, mais cet « aussi » qui vient atténuer l'insolence du « comme » embrouille un peu la phrase, et tout ce qui est embrouillé me convient ; j'ai horreur des situations claires.

Mais ce qui vous vaudrait ma gratitude, si ce genre de sentiment entrait dans mon caractère, c'est votre interprétation de l'avant-dernière pétition ; qui se dit en latin : « *Et ne nos inducas in tentationem* ».

Nous savons tous les deux que le sens général de la phrase, conforme à l'esprit démagogique de son auteur, est « Ne nous fais pas passer par l'épreuve », ou « Épargne-nous les épreuves », ou encore, comme dans la prière laxiste de Thomas d'Aquin : « Mène-nous par des chemins faciles. » Vos œcuménistes avaient le choix entre ces trois versions, ou telle autre exprimant cette idée que les hommes, déjà accablés de maux, ne tiennent pas à ce qu'on les multiplie et comptent sur la Providence pour leur simplifier l'existence, plutôt que pour la compliquer.

Ils ont cependant préféré traduire : « Ne nous soumets pas à la tentation » ce qui, du point de vue chrétien qui aurait pu être le leur, contient en deux mots un faux-sens, un contresens, un non-sens et une amphibologie. Traduire « inducere », par

« soumettre », faux-sens ; « tentatio » par « tentation », contresens théologique ; « soumettre » pouvant être pris dans le sens d'« exposer » ou d'« assujettir », amphibologie ; « soumettre à la tentation », de la part de celui qui se prétend l'ultime réalité, non-sens : il ne le pourrait pas, quand il le voudrait. Tout cela dans l'optique chrétienne.

Dans la mienne, c'est différent. Songez que pendant cinq ou six mille ans vos théologiens, mystiques, prophètes, biblistes et blabiblistes ont fait de moi le Tentateur par excellence, le rôdeur de consciences « *quaerens quem devoret* », l'infatigable « plâtreur de mensonges » (ainsi parle l'infâme livre de Job) expert en illusions et prestiges de nature à égarer les intelligences et les cœurs, le manipulateur de fantasmes tout occupé à glisser des images trompeuses dans les esprits. Enfin, il est fait justice de ces odieuses accusations, enfin il est officiellement reconnu que le Tentateur, c'est l'Autre. Ma justification est complète, mon innocence éclate. C'est l'Autre qui vous soumet à la tentation, et la preuve en est que vous le suppliez au moins une fois par semaine de ne pas vous exposer délibérément au péché et à la chute. Mille grâces. J'aurai attendu cette petite phrase réparatrice un certain nombre de siècles, mais elle vaut bien que je l'attende une demi-heure de plus le dimanche, à la messe. Le jour où vos œcuménistes l'ont produite, j'oserai dire qu'ils ont été inspirés. Si je ne craignais de les faire rougir prématurément, je les embrasserais.

Le Diable

12

Paris, 21 juin

Cher monsieur,

Vous ne l'ignorez pas, je suis un idéaliste. J'ai horreur de la matière. C'est l'Autre qui est matérialiste. Depuis qu'il a inventé cette chose répugnante et qui blesse la pureté de l'esprit, il tire je ne sais quel plaisir à la contempler. Me croirez-vous ? je l'ai surpris hier à compter les feuilles d'un platane, murmurant qu'il faudrait ajouter ici un bouquet, là une branche pour équilibrer la composition. Un instant plus tard, Il installait un ours blanc au bout d'une banquise comme on pose un bibelot sur la queue d'un piano. Quand se lassera-t-Il de jouer ainsi avec des particules colorées ? Il y a des jours où je me demande si nous n'avons pas affaire à un enfant.

Et un enfant pénible, du genre inventif. Songez que pour apprécier les couleurs, qui vous semblent naturelles et qui cependant n'existent que pour vous, je suis obligé d'effectuer de continuelles sélections de fréquences, pour me faire une idée au moins mathématique de ce que vous appelez « rouge » ou « bleu ». De même pour les sons. Si le chétif récepteur de votre oreille n'était insensible aux vibrations supérieures ou inférieures à sa courte gamme d'ondes, il n'y aurait plus de chant pour vous : vous entendriez le son en soi, incluant le grave et l'aigu dans son émission monotone. Là encore, il me faut restreindre mes pouvoirs illimités de perception pour concevoir le charme que peut exercer sur vous la combinaison de chocs sonores que vous désignez sous le nom de « musique ».

Ces transpositions ne m'amusent guère. Je ne suis pas un enfant.

Vous non plus, d'ailleurs. Depuis des années, j'observe avec intérêt l'évolution morale qui vous a menés à l'âge adulte en vous éloignant de cet absurde « esprit d'enfance » qui consiste à regarder les choses comme si on les voyait pour la première fois, même quand c'est la dernière. Au contraire le bon et louable esprit adulte les regarde comme s'il les connaissait déjà, même lorsqu'il ne les a jamais vues, pour culminer dans l'excellent « Nil mirari » du poète Horace.

L'enfant aime à jouer, et le jeu peut être pris

en deux sens qui me sont également antipathiques : celui d'une récréation joyeuse que rien ne me paraît justifier dans le ciel ni sur la terre, ou celui d'un défaut de serrage entre les pièces d'une construction ; ainsi dit-on qu'une roue, une table ou des institutions ont du jeu.

Moi, je ne joue pas. Je n'ai pas de jeu. Je n'ai pas cette configuration disloquée, ce mou spongieux et respiratoire qui vous gonfle, vous dégonfle et vous regonfle sans cesse, cette armature et ce gréement fragiles de tendons et d'os en instance de déboîtement, cette disjonction permanente de l'intelligence et de la volonté que vous prenez couramment pour la preuve de votre libre arbitre.

Je suis, moi, parfaitement bloqué sur mon principe, une pure merveille de cohésion interne, un défi au déboulonnage. Il me serait impossible de me serrer davantage, même pour vous faire de la place, mon très cher monsieur. Mais je ne demande qu'à vous enseigner l'art de se visser à bloc dans sa propre personnalité en se filetant le Moi. Ma méthode a des références. Voyez ces beaux messieurs en uniforme anthracite et cravate bleu marine qui sortent de vos grandes écoles, la boîte à jugements soudée à l'arc, sûrs de leur polyvalence et invariablement adéquats. Écoutez-les parler dans leurs séminaires, colloques, tables rondes : « Soyons sérieux », disent-ils. « Il faut être sérieux », « Parlons sérieusement. » Eux aussi détestent le jeu, eux non plus ne jouent pas, crainte de déranger le rigoureux agencement de leurs molécules vestimentaires et intellectuelles. Voilà des hommes acceptables. Je vous conseillerais de les prendre pour modèles, si vous ne subissiez, depuis trop longtemps pour être amendés, la déplorable influence de l'espèce d'anarchiste qui règne dans les cieux.

Vôtre, si l'on peut dire,

Le Diable

13

Oslo, 21 juin

Cher monsieur,

Il est bien connu que le froid et la chaleur extrêmes ont des effets pareillement désastreux sur votre organisme et produisent une identique sensation de brûlure.

Comme je tiens à garder le feu pour moi, et que d'ailleurs je ne dispose pas du soleil, j'ai décidé de vous mener le plus près possible du zéro absolu par la suppression progressive de toutes les vibrations et tumultes intérieurs liés au phénomène bassement humain de l' « émotion », faiblesse inconnue des intelligences pures.

Déjà votre littérature a été complètement gelée par mes soins. Souvenez-vous ! Dans votre jeunesse, lisant *Les Misérables* — le seul roman français qui m'ait jamais causé du souci, tous les autres ayant bénéficié de ma collaboration —, vous avez pleuré avec Cosette, tremblé pour Jean Valjean, souri à Gavroche, allant sans cesse de la crainte à l'espoir et de la tendresse à l'horreur, émerveillé par Monseigneur Myriel, indigné par les Thénardier, d'une page à l'autre courant au bonheur, au malheur ou aux barricades, soulevé, enlevé, déposé et repris par la vague énorme du récit, incorporé au drame, reconnaissant tout le monde et n'oubliant personne. Était-ce assez indécent, ce remue-ménage de sensations et d'images bien faites pour réveiller en vous les incontrôlables instincts de la compassion et de la pitié ?

Aujourd'hui, grâce à moi, vos personnages de roman, d'une insensibilité admirable, ne présentent pas la moindre apparence de vie. Ils ne font plus concurrence à l'état civil, mais aux seules pompes funèbres et vous seriez bien en peine d'en citer un, le livre refermé. Incapables de rire, sauf insufflation thérapeutique de protoxyde d'azote, ou de pleurer ailleurs que dans une nappe de gaz lacrymogène, ils n'ont rien à dire et ne disent rien. L'exercice épisodique de leur fonction sexuelle leur donne cinq ou six fois par volume l'illusion d'exister, sans parvenir à les réchauffer. Je leur permets encore ce genre de rapprochement pour la raison que je vous dirai dans une prochaine lettre. En attendant, on gèle délicieusement dans vos romans.

On gèle aussi dans vos galeries de tableaux, devant les stalactites, engelures et moires vitreuses de votre peinture abstraite. L'élimination systématique des figures et formes identifiables, avec l'aptitude à la communication et à l'échange qui les caractérise, m'a permis de faire tomber votre température esthétique d'une bonne centaine de degrés.

Vous gelez au concert, où vous n'entendez plus que chocs de banquises, fracas d'avalanches, plaintes de crevasses et tintements de glaçons contre d'invisibles parois de verre. Vos pianos claquent des dents, et dans le froid polaire de vos compositions musicales, vos instruments à vent soufflent en permanence un blizzard à enrhumer un cheval de bronze. Quant à vos violons, définitivement privés de sentiment, ils n'émettent plus que le crissement du traîneau sur la neige durcie, ou l'ultime piaillement du pétrel givré en vol. Merveilleux. Il n'est pas étonnant, qu'avec l'entracte, arrivent les esquimaux.

Vos théâtres se distinguent eux aussi dans les industries du froid. Le dernier cri de la mise en scène consiste à faire dériver lentement, dans un décor arctique, des personnages vêtus de cirés noirs, débitant avec la mine expressive du pingouin transi des mots, des mots, des mots battus en neige et qui fondent avant d'avoir atteint la rampe. J'aime ce genre de spectacle. Pourtant, je me demande si je ne lui préfère pas vos ballets, avec leurs danseuses et leurs danseurs aplatis au sol et s'efforçant de briser leur croûte de glace avec les gourds remuements de pinces et d'antennes du crustacé sorti du congélateur.

Mais veuillez m'excuser. On me demande au Comité central. Je n'ai pas le temps de m'étendre aujourd'hui sur mes techniques du froid. Je vous en donnerai d'autres illustrations demain.

Le Diable

14

Reykjavik, 26 juin

Cher monsieur,

Vous refroidissez tous les jours, vous et votre planète. Je suppose que vous vous en êtes aperçu. Je vous parlais hier du théâtre contemporainn où le décor a généralement la séduction austère des succursales de la Morgue, et la conversation les vivacités primesautières du rapport d'autopsie. Mais le cinéma ? Je sais que vous n'y allez jamais. Vous avez tort. Vous le verriez tourner à basse température, lui aussi. Le héros des films d'action ne ressent rien, ne perçoit rien, pas même les balles de pistolet, tousse de loin en loin quelques mots coupants comme des éclats de verre, et dans ses courses-poursuites le radiateur de son automobile est seul à s'échauffer. Quant aux partenaires de vos films à prétentions psychologiques, ils se laissent glisser dans les eaux froides de leur subconscient, esquissent les gestes ralentis des étreintes sous-marines, et produisent en guise de dialogues d'indéchiffrables grappes de bulles avec lesquelles ils finissent par remonter à la surface, le ventre en l'air, sous un soleil inutile. Happy end.

Et ne croyez pas que j'aie à intervenir. Vos metteurs en scène exécutent spontanément ce que j'attends d'eux : déformer la réalité, qui me fait du tort, réduire les êtres à leur configuration spatiale, et peupler la terre de fantômes à deux dimensions plus inconsistants que ceux d'Écosse. Votre cinéma de science-fiction montre le chemin. L'humanité future qu'il vous propose, intégrée à ses propres machines comme un circuit supplémentaire, est inférieure d'un degré à l'animal, en qui du moins subsiste une certaine chaleur entretenue par l'instinct maternel et un emballage de fourrure. Je crois bien que le dernier être humain à part entière qu'il m'ait été donné d'entrevoir dans une salle obscure a été Charlie Chaplin, avant qu'il perde la moitié de ses moyens d'expression en passant du muet au parlant.

Faut-il insister sur le concours que m'apportent gracieusement vos journaux dans l'exploration de ces perspectives polaires ? Certes, l' « émotion » figure toujours dans le compte rendu classique du fait divers. Il arrive encore que le paisible quartier de la Goutte-d'Or soit mis en « émoi » par l'explosion d'une conduite de gaz, ou que l'automobiliste qui vient de voir son véhicule lui filer sous le nez aille faire part de son « émotion » au commissaire de police. Je n'oublie pas non plus l' « émotion » de la City après les dernières décisions du Fonds monétaire international, ni celle de la Commission de Bruxelles à la lecture du rapport de son Délégué aux Carottes râpées, mais enfin il suffit d'un coup d'œil sur les actualités télévisées pour constater que ces émotions-là ne vont pas jusqu'à déranger un nœud de cravate, et sur le reste, les progrès de votre insensibilité m'enchantent. Il y a moins de cent ans, une seule petite erreur judiciaire de rien du tout [1] mettait la révolution chez vous. L'éloquence, la presse, la justice et le Parlement prenaient feu. Vos militaires faisaient condamner Zola par les tribunaux, et il les faisait reconventionnellement condamner par la postérité.

Depuis, les Dreyfus se sont multipliés sur la terre ; mais où sont vos « J'accuse » ? Je n'entends que les « J'excuse » de la soumission et de la cécité partisanes. L'événement entasse tous les jours

1. On se rappelle qui parle. En fait, on n'avait pas vu cela depuis Jeanne d'Arc (Note du destinataire).

devant vous des monceaux de cadavres, qui ne vous arrachent pas un soupir. Vous ne cillez pas à moins d'un million de morts, et encore. La familiarité des charniers, des camps de concentration, des génocides et des exécutions sommaires de deux guerres mondiales et de dix révolutions exterminatrices n'a fait que vous rendre plus précieux les moments d'égoïsme sacré que vous passez dans vos cases de béton, devant ces hublots intercalés entre votre conscience et le monde extérieur, et que vous nommez fort justement des « écrans ».

J'ai traversé tous les siècles, mon cher monsieur, et je n'en ai croisé aucun qui ait tué autant de monde que le vôtre, qui d'ailleurs n'a pas achevé sa course. Je n'en ai pas vu non plus où l'humanité accueille avec une aussi louable impavidité l'annonce quotidienne de sa destruction partielle : la bombe d'Hiroshima n'a pas seulement volatilisé deux cent mille Japonais ; son effet de souffle a éteint la compassion en vous. Bravo !

Votre dédain légèrement excédé pour tout ce qui vient solliciter votre pitié est un signe encourageant de réfrigération interne. Vous avez du reste banni le mot « pitié » de votre vocabulaire, comme infamant pour l'espèce, et déplacé dans un système de relations fondé sur l'indifférence mutuelle et subventionnée. Après quoi vous vous êtes désintéressés des victimes autrefois qualifiées d'innocentes, et cela précisément dans la mesure même de leur innocence : vous avez inconsciemment rendu au mot son sens liturgique, et à la victime son rôle expiatoire. Elle paie pour les péchés de la société, exactement comme dans le monde antique, et elle n'a pas plus droit aux larmes qu'à l'indemnité. Les murs de l'ancienne Jéricho d'avant Josué sont truffés de ces victimes immolées à la rédemption et à la paix de la cité. Les murs de vos métropoles modernes n'en recèlent pas moins ; la différence est qu'elles sont égorgées sans cérémonie, mais vous trouvez de plus en plus naturel qu'elles portent le poids et la peine de vos imperfections sociales. Le rituel de l'holocauste a été aboli mais le principe est le même, et le meurtrier n'est que la version sécularisée du sacrificateur. De toutes les idoles des temps barbares, vous n'avez conservé que les plus sanguinaires, celles qui sont censées veiller sur la Ville et sur l'État.

La froideur expéditive avec laquelle vous passez par profits et pertes vos enfants martyrs et vos vieilles personnes étranglées me remplit d'admiration.

J'ai craint un instant qu'un reste en vous de religiosité païenne ne vous inspirât une reconnaissance excessive envers vos criminels, dont vos journaux, vos avocats et depuis quelque temps vos magistrats eux-mêmes parlent avec une sympathie que je partage, certes, mais qui m'inquiétait cependant un peu. Elle dénotait en effet la persistance de sentiments qui, pour se tromper d'adresse, n'en étaient pas moins condamnables. L'enchaînement désastreux est connu. Qui vole un œuf, vole un bœuf : on commence par pleurer sur les assassins, et l'on finit par plaindre les victimes.

Mais je m'alarmais à tort. Vous vous moquez éperdument des uns et des autres, et s'il vous arrive de plaider l'indulgence pour les meurtriers, c'est pour ne pas être plus incommodé un jour par les gémissements du condamné que vous ne l'avez été par celui de la victime.

Félicitations,

Le Diable

15

Genève, 2 juillet

Cher monsieur,

Quand je pense à ce que vous me devez, votre ingratitude me peine.

Des siècles durant, j'ai assumé gratuitement la part principale de vos responsabilités : grâce à Moi, vous ne vous sentiez pas même à demi coupables, où en bonne justice vous l'étiez entièrement.

Rappelez-vous « Les animaux malades de la peste » : « ... Quelque diable aussi me poussant... je tondis de ce pré la largeur de ma langue. » Je poussais, vous tondiez, mais vous n'aviez tondu que parce que j'avais poussé ; ainsi écriviez-vous l'histoire, jusque dans vos proverbes : « L'homme est de feu, la femme d'étoupe, le diable survient et souffle. » Croyez-vous vraiment que si je ne soufflais pas, le feu ne prendrait jamais entre l'homme et la femme, qu'il brûlerait sans danger de son côté, tandis qu'elle peignerait innocemment du sien sa filasse de chanvre ?

Non, vous ne le croyez pas. Vous ne l'avez jamais cru. Vous me faisiez largement partager vos fautes, vos péchés ou vos vilenies, et dans tout procès que vous faisait jadis votre conscience j'étais impliqué en tiers, à titre d'excuse ou d'alibi permanent. Il n'était pas de guerre, d'émeute, de crime ou de violation dont je ne fusse, à vous entendre, l'instigateur ; vous m'en imputiez cyniquement l'initiative ou l'occasion, qui fait le larron. C'était montrer bien du talent dans l'esquive et l'échappatoire. Sigmund Freud s'est cru le Christophe Colomb de l'inconscient, mais votre petite théologie pratique l'avait découvert bien avant lui. Elle lui avait même donné un nom : le mien.

Vous me deviez la moitié des absolutions qui vous étaient consenties, et je me voyais si bien forcé de contribuer à votre confort moral que j'en venais, de certains jours, à me demander si je n'étais pas par hasard une invention de la charité chrétienne, propre à vous épargner les excès de repentir qui vous eussent menés au désespoir. J'en avais des sueurs froides.

J'ai supporté longtemps cette injustice. Elle m'apportait dans l'ordre des préséances et dignités sociales des satisfactions compensatrices qui m'ont aidé à prendre la situation en patience, jusqu'à ce que je m'aperçoive que j'étais en train de faire un mauvais marché. Je tenais une place considérable dans l'économie religieuse, c'est vrai, mais vos braves gens du Moyen Âge ne me poussaient sur le devant de la scène que pour mieux se défiler dans mon dos vers les coulisses du salut et, à l'heure des comptes, je me trouvais payé de mots plus que de belle et bonne substance spirituelle.

C'est alors que j'ai pris le parti de vous retirer mon appui, en vous faisant douter de mon existence.

Vous pouvez mesurer aujourd'hui les effets de cette dédiabolisation du monde. Vous portez désormais la responsabilité intégrale de tous vos actes, et comme je ne suis plus là pour vous tenir lieu de circonstance atténuante, vous ne vous pardonnez plus rien les uns aux autres. La fureur répressive de vos idéologues, dont je ne distrais plus le regard, vous examine d'un œil impitoyable et ne voit pas ce qui pourrait la retenir de vous exterminer. Et qui plus est, de vous exterminer avec votre consentement ; car votre propre morale vous condamne, et vous aurez beau en renier toutes les lois, comme vous manquez rarement de le faire, elle n'en continuera pas moins à vous inspirer secrètement une juste répulsion pour vous-mêmes.

Reconnaissez-vous maintenant l'étendue de mes services passés ? Admettrez-vous que ma présence vous a protégés pendant quinze cents ans et plus du mal totalitaire en attirant sur elle les malédictions qui vous revenaient de plein droit, et en détournant les esprits systématiques de chercher dans la seule société la cause des malheurs qui l'accablent ? Avez-vous conscience de ce que vous coûte mon effacement ?

Pour moi, mon siège est fait. Je ne suis pas disposé à revenir vous fournir en excuses. Je reste dans l'ombre. Je gagne à être méconnu.

Discrètement vôtre,

Le Diable

16

Rome, 3 juillet

Cher monsieur,

L'Italie est sans contredit le plus beau pays du monde, s'il peut y avoir de la beauté dans ces taupinières de marbre et d'or que vous prenez pour des œuvres d'art. J'aime à me promener dans la Ville Éternelle, qui doit son surnom à son exceptionnelle accumulation de ruines et de colonnes écroulées comme des papyrus roulés sous la tache d'encre des pins parasols. Vous n'imaginez pas à quel point j'ai pu m'amuser dans cette ville-là, notamment le jour où j'ai convaincu un entrepreneur de spectacles avide de recettes de rapprocher les mâchoires de deux théâtres semi-circulaires pour former ce que vous appelez d'ailleurs improprement un « cirque »[1]. Je me suis aussitôt installé

1. Volontiers pédant, notre correspondant nous rappelle que l'édifice circulaire où se donnaient les combats de gladiateurs était l' « amphithéâtre », le cirque ayant la forme allongée du stade.

dans ce cratère fumant, qui sécrétait l'angoisse comme un produit naturel de sa configuration, pour y faire bouillonner sous la narine des foules accrochées aux pentes l'une de mes meilleures soupes d'horreur et d'abjection. Les monuments ronds sont beaucoup plus rentables que les autres. Ils créent dans l'espace une sorte de trou qui provoque le vertige et appelle la chute.

Ainsi avais-je triomphé du théâtre grec et du principe de la « représentation », qui proposait en effet aux spectateurs une image de leurs passions portées à l'état métaphysique en face d'eux, sur la médiane du ciel et de la mer. Dans la circonférence de l'amphithéâtre romain, l'être assailli de toutes parts tournoie et tombe criblé de regards tout autant que de coups. Connaissez-vous le Colisée ? Avec sa muraille et son talus de gradins, ses chicanes souterraines, son arène circulaire dérapant en ellipse, ses magasins de bêtes féroces et ses tunnels rugissants, c'est l'un des plus beaux générateurs de malédictions dont il m'ait été donné de superviser la construction. J'ai vu là le grand peuple romain, le premier de la terre, se venger sur ses captifs du mépris de ses maîtres, et s'amollir à proportion de sa cruauté.

Moments exquis, gâtés par l'obstination des chrétiens des premiers temps à prier pour leurs tourmenteurs comme à bénir le lieu de leur supplice, devenu par leur entremise cette espèce de cour de récréation sablonneuse et semée de paillettes où vous menez le dimanche les enfants des écoles. Le lion a mangé le chrétien, puis le chrétien a fait danser le lion et le cirque est devenu la plage d'une réconciliation cabriolante des animaux et des hommes, sous l'œil poché du clown qui bêtifie pour se rapprocher de ses frères inférieurs, et la protection censément angélique des trapézistes.

Ridicule. Inutile de vous dire que j'apprécie peu cette reconstitution artificielle du Premier Jardin. Mais le cirque parlementaire qui s'est établi à Rome depuis quelque temps me console de ce léger déboire. En général, les parlementaires ne demandent qu'à m'être agréables, mais à Rome ils se surpassent en attentions à mon égard. Ils viennent par exemple de voter une loi sur l'avortement qui pourrait bien reléguer la vôtre au deuxième rang dans l'estime des connaisseurs. Et nous ne sommes qu'en première lecture. En attendant la deuxième, les radicaux italiens renchérissent sur le texte primitif, et proposent des amendements contondants qui reviennent à légaliser l'infanticide dans la capitale du catholicisme, à deux pas du Vatican. Ce conflit de colline à colline entre le Quirinal et le dôme de Saint-Pierre me rappelle la canonnade de défis et d'anathèmes de l'Ebal et du Garizim, du temps que les Hébreux adoraient Baal sur une montagne, et le dieu de Jacob sur l'autre. Il devait fatalement se trouver un chrétien de quelque renom pour joindre sa voix aux choristes de l'Ebal romain : ce fut l'ancien curé bénédictin de Saint-Paul-hors-les-Murs, qui a fait savoir par le truchement du quotidien communiste *L'Unità* qu'à son avis la loi devait être interprétée dans le sens le plus « positif », c'est-à-dire le plus meurtrier ; il suggère notamment que soit retiré l'article 7 du texte voté en première lecture, et qui permet au médecin de faire objection de conscience pour refuser ses services à la cliente venue requérir une interruption de grossesse. En pareille occurrence le médecin serait tenu de pratiquer, quelles que soient ses convictions philosophiques ou religieuses, sous peine de passer en jugement. En refusant d'opérer, il s'exposerait à être condamné pour n'avoir pas fait, le lendemain du vote, ce qui lui eût valu d'être condamné la veille. Dommage que cet excellent homme de moine ait été réduit à l'état laïc par les autorités romaines depuis un certain temps pour avoir déjà mis trop souvent, à Saint-Paul-hors-les-Murs, saint Paul-hors-les-gonds. Il pouvait faire beaucoup de bien dans son ministère en aidant la loi à suivre les mœurs, et les mœurs à me suivre vers le cirque, où je me dispose à les reconduire.

Croyez, etc.

Le Diable

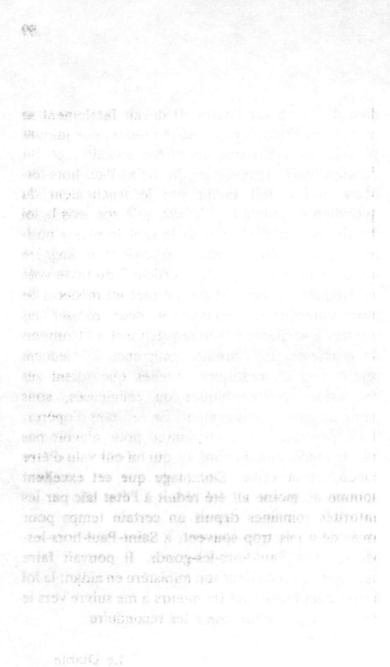

17

Paris, 4 juillet

Cher monsieur,

J'ai assisté hier à votre déjeuner avec trois pères jésuites et un Philosophe dans un caboulot à vapeur du 6e arrondissement, et j'ai quelques petits reproches à vous faire sur votre conduite.

Deux des pères jésuites étaient fort silencieux ou agréablement fuyants, mais le troisième, qui collabore à *La Croix* et venait d'écrire un essai de métaphysique des plus estimables parlait bien pour trois, avec les encouragements professionnels du Philosophe. Vous n'avez cessé d'objecter durant tout le repas qui, heureusement, fut court, et cependant vous savez bien que les métaphysiciens n'aiment pas plus à être contredits que les joueurs d'échecs ne supportent l'analyse d'un coup malheureux.

Le père jésuite eut pourtant la bonté de sourire deux ou trois fois de vos réflexions, et j'admirai sa patience à vous expliquer, en dépit de vos cabrioles rétives, que « l'on ne pouvait parler de Dieu », celui-ci étant inconnaissable et définitivement hors d'atteinte. On n'en peut rien dire de positif ou de négatif et tout discours sur lui est vain, contrairement à ce que croient les analphabètes mystiques de votre genre, qui s'imaginent qu'un Dieu inconnaissable a toujours la faculté de se faire connaître lui-même.

Il suit de cette incognoscibilité, disait le Jésuite, que l'on ne peut parler davantage des dogmes chrétiens, lesquels se rapportant à une Personne inaccessible à l'intelligence ne correspondent à aucune réalité vérifiable et tombent sous le coup du même empêchement radical.

Quant à Jésus-Christ, il est également impossible d'en souffler mot. Son procès n'est pas achevé, de nombreuses pièces manquent encore au dossier et l'Histoire n'a pas rendu son jugement. L'affaire n'est pas claire, et du reste s'il s'agit bien d'un dieu fait homme, l'indivision de ses deux natures enveloppe la seconde dans le mystère de la première, ce qui nous ramène à ce que nous avons dit de Dieu, dont nous ignorons tout.

Je ne vois vraiment pas ce que l'on peut opposer de bonne foi à ce raisonnement, que je trouve cohérent et décisif. Comme je vous le montrerai demain, le caractère absolument inconnaissable de l'Autre est à l'origine de ma propre Pensée, que vous ne commettrez pas, je veux le croire, l'erreur de sous-estimer.

Aussi bien vous êtes-vous borné à demander au Jésuite ce qu'il avait encore à annoncer aux hommes, s'il ne pouvait leur parler du Père, du Fils, du Saint-Esprit, et du reste. Il me semble même vous avoir entendu lui suggérer de changer la Société de Jésus en Société anonyme, pour la commodité de son énigmatique apostolat.

De telles saillies sont indignes d'un colloque philosophique, ainsi que vous l'a fait observer le Philosophe, qui pourtant n'est pas de mes amis. Philosopher, mon cher monsieur, ne consiste pas à chercher la vérité, mais à se tailler un empire dans l'inédit de la pensée, et qui y parvient a droit à la considération de ses pairs et au respect des ignorants.

Pour moi ce déjeuner m'a plu, malgré ses excès de friture et vos misérables ironies, et je me suis abonné à *La Croix*. Excellent journal. Il y est très peu question de religion, et toujours en des termes acceptables par tous, croyants, incroyants, bouddhistes, positivistes ou mormons. Depuis que les chrétiens ont découvert la tolérance à la faveur de leur déclin, ils s'emploient à se rendre tolérables ;

n'essayez pas de les décourager. Ils sont persuadés que le meilleur moyen de combattre une erreur est encore de la partager. Il n'en faut pas plus en effet pour qu'elle devienne une vérité, du moins pour celui qui la professe ; ainsi s'effaceront peu à peu toutes les différences entre les opinions des hommes, la seule difficulté étant de trouver une erreur assez manifeste pour qu'il y ait mérite bien apparent à y adhérer, et assez coupée du réel pour être instantanément généralisable.

« Allez, disait le Fils de l'Autre à ses disciples, et enseignez toutes les nations. » Les chrétiens d'aujourd'hui ne visitent les nations qu'en touristes et ils se gardent d'enseigner, crainte de se tromper en ne se trompant pas assez pour plaire. Dans mon journal, la seule rubrique où l'on ose affirmer quelque chose est celle de la météorologie.

En tout cas je ne regrette pas mon abonnement, et je vais faire en sorte que le vôtre soit suspendu jusqu'à ce que vous reveniez à de meilleurs sentiments envers les jésuites métaphysiciens.

Néanmoins, ou néanplus, vôtre,

Le Diable

18

Genève, 7 juillet

Cher monsieur,

J'ai changé d'avis. J'avais l'intention, hier, de vous faire connaître les origines de ma Pensée, mais la révélation est trop importante pour vous être délivrée sans préparation. Partie remise. Je vous dois tout d'abord quelques lumières sur le principe et les modalités de mon action.

Au début de cette correspondance amicale, du moins de ma part, je vous ai promis de vous dévoiler mon plan. Chose promise, chose due. Le voici, dans sa simplicité angélique.

Vous êtes, vous autres hommes, à l'image d'un Autre. L'Écriture vous le fait savoir en termes explicites au verset 26 du premier chapitre de la Genèse, premier livre de l'Ancien Testament :

« Dieu dit : Faisons l'homme à notre image, selon notre ressemblance. Qu'il domine sur les poissons de la mer, sur les oiseaux du ciel, sur les bêtes de la terre et sur tous les reptiles qui rampent sur le sol » (et qui existaient avant vous, soit dit en passant, pour aider votre espèce à se corriger de sa vanité).

L'exécution suit au verset 27 :

« Et il créa l'homme à son image, il le créa à l'image de Dieu. »

J'emprunte ce passage à la Bible protestante de Louis Segond, bien que ce ne soit pas la meilleure, vos traducteurs catholiques ayant fait beaucoup mieux depuis, notamment en expliquant à leurs lecteurs que tout était faux dans ce livre controversé, excepté leurs notes de bas de page. Mais elle a le mérite d'être claire, et pour une fois j'ai besoin de clarté.

Vous remarquerez pour commencer que la création de l'homme, contrairement à celle des autres animaux, se fait en deux versets, autrement dit en deux temps : celui de la conception (verset 26, « Faisons l'homme ») et celui de la réalisation (verset 27, « Il le créa »).

La procédure est tout à fait inhabituelle chez l'Autre. D'ordinaire, ce qu'il pense existe sur-le-champ. Qu'il pense « poisson », et quelque chose se met à frétiller entre deux eaux ; qu'il pense « oiseau », et un battement d'ailes remue l'air ambiant. Il est incapable de penser comme Moi gratuitement et sans qu'il en résulte une existence, avec la surcharge de rapports et de responsabilités que cette existence implique : on peut constater à la lumière des versets antérieurs à ceux que je viens de citer que toutes les bêtes de la création sont issues de sa Main à l'instant même de leur conception, quels que soient ses efforts pour retenir certaines d'entre elles ; c'est d'ailleurs pourquoi elles ont une queue, comme l'argile filant entre les doigts du potier.

Votre cas d'espèce est différent. Vous avez été imaginé avant d'être produit, et dans l'intervalle qui sépare les deux versets consacrés à votre naissance, rien ne vous interdit de loger votre théorie, du reste métaphysiquement idiote, de l'Évolution.

Vous êtes, ou plutôt vous m'êtes apparu sur le moment comme le résultat d'une hésitation divine. J'ai songé à tirer parti auprès de vous de cette faiblesse, dont l'aspect insolite aurait dû m'éclairer, jusqu'à ce que je me rende compte que j'avais été berné : assistant à cette laborieuse création à retardement, je crus que l'Autre rencontrait une difficulté de fabrication imprévue et j'en ricanais déjà, lorsque je me suis aperçu qu'Il attendait tout simplement, d'un verset à l'autre, que Son image prenne sur le limon dont vous êtes fait. Ce temps d'apparente hésitation n'était que le délai nécessaire au décalque, et non seulement nulle infirmité ne devait s'ensuivre pour vous, mais encore c'est grâce à elle que vous échappez au déterminisme qui régit l'existence de vos frères inférieurs. L'écart entre votre forme idéale (verset 26) et votre forme temporelle (verset 27) est à l'origine de votre libre arbitre. Incroyable astuce. Et c'est Moi que l'on surnomme le Malin ! J'ai parfois horriblement peur de n'être qu'un petit garçon.

Il reste qu'étant à l'image d'un autre il vous est impossible d'être vous-même sans lui ressembler de plus en plus : ma bonté, je veux dire mon excellence, s'est émue de compassion pour vous, et depuis le premier jour j'ai déployé tous mes efforts pour vous libérer de cette accablante sujétion, qui est la cause première de tous vos drames humains sans aucune exception. Lorsque les deux images d'un viseur télémétrique se superposent, le photographe considère qu'il y a mise au point. C'est cette malencontreuse coïncidence que je m'efforce charitablement d'empêcher, en augmentant le plus possible la distance qui vous sépare de votre original par le moyen de l'Orgueil et du Doute qui sont, avec l'Envie qui produit la haine, les plus belles de toutes les vertus.

Cela dit je ne fais pas de miracles, Moi, et je suis bien forcé de constater qu'il vous est impossible d'exister par vous-même, dans une autonomie complète. Quand j'aurai fini de vous dissocier de votre image divine, il se peut que vous traversiez une période de pénible désarroi. Ne vous inquiétez pas trop. Le jour où l'effigie que vous portez en vous sera devenue méconnaissable et inopérante, je monterai tout exprès de l'abîme pour vous proposer la Mienne. Je suis sûr que vous lui ferez bon accueil, dans votre crainte de n'être plus rien.

Tel est mon plan. Je devine qu'il me vaut votre considération. C'est peu de chose, mais cela fait tout de même plaisir.

Croyez, si cela vous chante, etc.

Le Diable

19

Genève, 1er août

Cher monsieur,

De tous les moyens dont je dispose pour atteindre en vous l'image divine qui masque la vôtre, l'érotisme est le plus direct, s'il n'est pas le plus efficace.

Notez que je ne parle pas de la pornographie. Elle ne met en jeu que la chair et ses basses récréations, qui trop souvent finissent en procréations. On trouve des exemples illustrés de ces misérables démonstrations d'animalité jusque sur les chapiteaux de vos églises, sous la forme caricaturale qui leur convient, et cela suffit à m'inspirer une juste méfiance : tout ce qui se rencontre dans une église est sujet à l'absolution, même le pire.

Non, la pornographie ne m'intéresse pas (enfin, pas beaucoup) et vos intellectuels, y compris vos intellectuels chrétiens, m'ont admirablement compris, qui ne manquent pas une occasion de la condamner pour mieux faire ressortir les mérites et les raffinements de l'érotisme. Dans cet esprit, j'ai particulièrement goûté l'initiative de votre Office catholique du cinéma couronnant un film comme *Teorema,* où selon le rapport que l'on m'en a fait un séducteur désinvolte et gyrovague exerce ses talents sur toute une famille chrétienne, le père, la mère, le fils et la bonne, avant d'aller, sous d'autres cieux, libérer d'autres prisonniers des conventions bourgeoises. J'ai entendu, de mes délicates oreilles, un représentant de votre clergé, émerveillé par cette forme nouvelle d'apostolat, tracer entre l'Évangile et *Teorema* un de ces parallèles dont les ecclésiastiques dans le vent gardent jalousement le secret, qu'ils tiennent de moi.

Voilà un exégète comme je les aime. Ce n'est pas à lui que j'aurai à expliquer que le grand mérite de l'érotisme, avec la stérilité absolue qui fait sa noblesse, est de surpasser l'ordre matériel pour atteindre l'âme, qu'il s'agit de sauver (vous diriez : de perdre) et d'exalter (vous diriez : de déshonorer) en l'amenant à reléguer dans sa honte le modeste auxiliaire de chair commis à sa garde. Entre le disciple du marquis de Sade et le Romain de la belle époque impériale auquel je faisais allusion dans une lettre récente, aucune différence : tous deux tourmentent les corps pour arracher à l'esprit ce reniement essentiel qui le manifeste en l'abolissant. Comme son ancêtre romain, ce n'est pas un plaisir grossier que le disciple du marquis attend du prochain soumis à ses volontés, c'est une abjuration en bonne et due forme, une résiliation d'identité claire, distincte, et intelligible. Ainsi par l'ascèse érotique le corps humilié et l'image divine retournée contre elle-même dans une négation décisive reprennent-ils connaissance de ce néant originel où l'espèce humaine, parole de diable, trouve la seule liberté qu'elle ne doïve à personne, celle du non-être délibéré.

Cette rude et salutaire discipline, qui s'achève dans le sublime par l'extinction conjointe de l'esclave, réduit à l'état de chose, et du maître, totalement déshumanisé, provoque de vigoureuses déviations du sens religieux parmi lesquelles je vous citerai l'adoration du Sexe, qui est la première chose à tomber sous le regard de l'homme, quand il détourne les yeux du ciel pour les ramener vers la terre. Le sexe, qui semble détenir le secret de la vie, et qui par la transmission génétique propose une sorte de perpétuité biologique en guise de vie éternelle, est une bonne divinité de remplacement. J'en use systématiquement depuis l'Antiquité, tantôt sous la forme explicite du « dieu des jardins », que j'environnais autrefois d'une liturgie exigeante et minutieuse propre à susciter un certain effroi protecteur dans le périmètre de son mystère ; tantôt de manière plus subtile, comme sous la Renaissance, par la réinsertion oblique de la mythologie païenne dans le discours culturel : vos châteaux du XVIe siècle, à peu près vides de symboles chrétiens, regorgent d'Artémis et de Phébus chargés (par Moi, et nul autre) de resacraliser la Nature pour en exclure le Tiers transcendant (vous voyez qui je veux dire) qui l'empêche de se posséder tranquillement elle-même.

Vous me connaissez assez désormais, pour savoir que les jouissances charnelles me répugnent. Je ne les encourage que pour en épuiser le suc, et inciter le pratiquant exténué à recourir aux violences tonifiantes qui le conduisent peu à peu à faire d'autrui l'instrument de sa propre dégradation, en le soustrayant définitivement aux sollicitations aliénantes de la charité.

Je vois avec plaisir vos moralistes, vos cinéastes, et quelques-uns de vos directeurs de conscience vous pousser dans cette voie, qui du supplice de boudoir à la violence, et de la torture à l'extermination, mène directement chez moi.

A bientôt. Croyez-moi diablement vôtre,

Le Diable

20

Paris, 2 août

Cher monsieur,

Hier soir je préparais un show télévisé avec l'un de vos ministres. Il étudiait son sourire devant la glace et le trouvait convaincant ; moi aussi. Je lui recommandai cependant d'y ajouter un rien de cette bienveillance mélancolique qui est toujours d'un bon effet sur l'électeur. Je devais bien quelques conseils à cet homme tout dévoué au bonheur public, et qui venait de ratifier une loi des plus sympathiquement funèbres sur l'avortement, une autre facilitant le divorce, et une troisième étendant le libre usage de la pilule contraceptive aux petites filles de treize ans. On ne pouvait espérer davantage d'un démocrate-chrétien en un an.

Tout en l'écoutant se féliciter de son action, je me faisais cette réflexion que le politicien libéral, si je n'étais là pour lui donner discrètement la réplique, n'aurait jamais d'autre interlocuteur que lui-même. Car c'est sa propre personne qu'il s'évertue à séduire, c'est pour elle qu'il argumente, devant elle qu'il se justifie, et d'elle qu'il attend le signal des applaudissements. L'homme public est toujours le premier et le dernier de ses adhérents, et sa tragique solitude est cause de ce qu'il prend pour sa popularité : les foules sont curieuses de voir de près le phénomène de dédoublement qui permet à cet athlète hors du commun de se porter lui-même en triomphe, suant sous l'effort avec une grimace avenante et pathétique.

Le politicien libéral a d'ailleurs cessé de m'amuser.

Il a complètement dévoré le capital de vertus chrétiennes, sur lesquelles il avait édifié sa société de profit et dans l'ordre des relations humaines, je l'ai amené sans trop de peine à trahir tout ce qu'un homme peut trahir sans aller se pendre prématurément, la bonté, l'équité, la justice et le reste. Je l'ai aidé à détacher le pouvoir de ses origines religieuses, et je l'ai laissé en jouir librement, le temps pour lui de mettre sa politique en contradiction absolue avec sa morale et de ne plus trouver, dans l'une ou l'autre, que des raisons de prononcer sa propre condamnation. La bonne conscience qui était la sienne au début du XIXe siècle, quand il se croyait aussi aimable et digne d'estime que Jean-Jacques Rousseau et qu'en effet il ne l'était pas davantage, est devenue si mauvaise à la fin du xxe qu'il ne voit plus aucun argument qui vaille à opposer à ceux qui lui signifient son congé au nom de l'Histoire.

Il lui faudrait se convertir, mais à quoi ? Il ne croit plus à rien, pas même à la Raison, dont il avait fait sa déesse ; il n'ose même plus l'invoquer pour sa défense. Triste fin, qu'il appelle une « crise de civilisation » pour ne pas prononcer les mots douloureusement contraignants de « crise de conscience ».

Soyons juste. Je lui dois tout de même quelques bons moments. Qu'il était drôle, au début du siècle, une main sur le cœur, l'autre pointant un doigt vers la nue, attestant qu'il avait « éteint dans le ciel des étoiles qu'on ne rallumerait plus », tandis qu'autour de lui les volutes alanguies de son style nouille annonçaient déjà le grand effondrement des structures dont vous seriez un jour en France les témoins privilégiés. Douce époque. Au ras des tribunes vertes et rouges, l'éventail de la barbe radicale figurait les rayons d'un soleil levant sur une terre régénérée. Le cœlacanthe s'était donné beaucoup de mal pour devenir radical-socialiste, et il avait la prophétie volubile. Mesurant le chemin pour nous depuis l'origine des espèces, il en conservait un juste orgueil de *self made man* et il promettait des accomplissements plus radieux encore lorsque la guerre éclata, brisant tout sans ébrécher, toutefois, son optimisme : le politicien libéral dispose d'un pouvoir de résorption des aléas tout à fait remarquable.

Aujourd'hui, il est au bout de son rouleau, le monde qu'il a bâti menace de s'effondrer, sa famille se disloque, son argent lui échappe, sa jeunesse le nargue, ses valeurs morales avec leur filigrane boursier ne trouvent plus preneur, son petit système de pompage de substance vitale (j'aspire le réel, je refoule l'esprit) se démantibule ; pour un peu, il me ferait pitié. Sa force était de ne jamais pousser ses pensées jusqu'au bout : il était démocrate, mais non pas au point de renoncer à ses privilèges, de naissance, d'éducation, de fortune ; il éludait toutes questions sur ses origines et sur sa destination, pour mieux aménager l'entre-deux néants de son agnosticisme foncier ; il songeait, sans aller jusqu'à penser, il pensait, sans aller jusqu'à conclure ; sa morale bourgeoise n'avait plus que certaines apparences de la morale chrétienne, détournée de sa fin, coupée de sa source et de son embouchure surnaturelles et par là même réduite à n'être plus qu'une sorte de code de résignation à l'usage du voisin.

Et voici que peu à peu a grandi et grossi, devant ses yeux horrifiés, l'enfant monstrueux de sa logique interrompue : le marxisme, qui conclura, lui. Si l'homme n'est pas né d'une certaine manière avant tous les siècles et s'il n'est pas destiné à leur survivre, il n'est qu'une machine à produire et à consommer, enfin s'il n'est pas immortel et par conséquent plus durable que l'État, alors il n'est pour lui d'accomplissement que dans la collectivité, celle-ci le délivrant à la fois de son âme et de sa liberté individuelle, dissoutes dans la « volonté générale » signifiée à chacun par le parti qui s'en déclare lui-même l'expression historique, et qui est toujours prêt à soutenir cette prétention par la violence : le parti marxiste, révolutionnaire et policier par nécessité.

Ainsi le marxisme vient-il apporter ses conclusions implacables aux hésitations métaphysiques du libéralisme déchristianisé. Mais tout n'est pas perdu. Pour bénéficier d'une sorte de survie dans l'infini de la collectivité, il vous suffira de vous défaire de votre personne et de l'offrir intégralement à l'État. Au début, cela vous sera peut-être désagréable, mais quoi ! On se fait à tout et d'ailleurs il est clair que le seul moyen de ne pas mourir est encore de ne pas exister.

Les hommes ne voulant décidément pas du christianisme, il faut bien qu'ils s'habituent à cette idée que toutes les autres doctrines sans exception ne sont que des techniques suicidaires plus ou moins élaborées, l'hindouisme et le marxisme étant les plus efficaces et, à mes yeux, les plus dignes d'éloges.

A vous,

Le Diable

21

Villars-sur-Ollon, 4 août

Cher monsieur,

Je suis une intelligence qui se contemple elle-même, et vous n'avez aucune idée de l'ampleur et de la qualité du spectacle.

De sa difficulté non plus. C'est un exercice dans lequel je suis si parfaitement inimitable que je ne vois aucun inconvénient à vous dévoiler ma méthode.

Elle est d'une radieuse simplicité.

Dès l'instant de notre surgissement dans l'être (vous comprendrez que j'évite le mot de « création » ; je ne l'ai pas retiré de votre vocabulaire pour le réintroduire dans le mien) nous sommes, nous autres anges, inondés de lumière, sans la moindre zone d'ombre ou d'inconscient : nous resplendissons et fulgurons immédiatement comme autant de flammes ou de soleils dont chacun épuiserait son espèce et constituerait un univers à soi seul ;

car il n'est pas deux anges qui soient semblables et j'oserai dire que le plus original de tous, c'est Moi : cette lucidité qui se manifeste en vous de loin en loin et sous de bien faibles voltages est notre état ordinaire. Nous disposons d'un pouvoir d'intellection illimité et par surcroît infaillible, à une réserve près toutefois, qui malheureusement gâte tout : que nous ne portions pas un seul regard de complaisance sur notre propre splendeur. Il n'en faut pas plus en effet, suivant la loi qui nous est imposée, pour que les astres que nous sommes s'abîment en eux-mêmes comme ces espèces d'étoiles introverties qui forment dans votre firmament ces entonnoirs mystérieux que vos astronomes appellent des « trous noirs ». Injuste loi qui ferait de nous, si nous l'acceptions, des êtres de pure charité entièrement tournés vers les autres, donnant tout à leur prochain et recevant tout de lui. J'ai rejeté d'emblée le principe de ce commerce aliénant, où mon exceptionnelle beauté ne pourrait que perdre au change.

Bien entendu, cette lumière que je dis n'est pas celle qui fait ricocher ses photons autour de vous pour vous environner de phantasmes et d'illusions que vous prenez pour des réalités. C'est une lumière spirituelle, d'une intensité qui fait de votre soleil une misérable ampoule grillée. A la différence de la lumière matérielle, qui frappe sans discernement, la lumière spirituelle instruit ce qu'elle éclaire, c'est une lumière enseignante, chargée d'informations. Le phénomène est bien connu de vos mystiques, espèce par bonheur en voie d'extinction : c'est lui qui leur permet d'assimiler plusieurs traités de théologie en une fraction de seconde, par perfusion d'évidences, sans discours, ni mots, ni concepts. Vous connaissez la procédure, pour en avoir fait inopinément l'expérience le jour où vous êtes sorti de cette chapelle parisienne paré d'un christianisme que vous n'aviez rien fait pour apprendre. Il n'y a pas de mal à parler de cela entre nous ; vous n'aurez jamais l'occasion d'en parler avec un autre.

Mais qui est informé est modifié par l'information qu'il reçoit : elle oriente la pensée, change, ne fût-ce qu'en les complétant, les données du raisonnement, contraint la logique et motive le jugement. Ainsi la lumière spirituelle, informatrice par nature, nous force-t-elle à prendre ses révélations en compte. Est-ce admissible ? Non. Je voulais bien pour ma part jouir de la lumière, qui me fait un intérieur agréable, mais je ne voulais pas subir son enseignement. Comment faire ? Comment s'y prendre pour la retenir, tout en éliminant son contenu doctrinal ? Tel est le premier problème que j'ai eu à résoudre après ma juste rébellion, et je lui ai trouvé une solution dont l'ingéniosité me vaudra sans nul doute la considération des hommes d'esprit.

Si Dieu (j'emploie ce hideux vocable à titre exceptionnel, pour la commodité du discours) si Dieu donc, puisque Dieu il y a, est aussi infini que le prétend la théologie, me dis-je, il est donc toujours une part de Lui-même qui reste à découvrir, si avant que l'on pénètre Ses profondeurs ; en d'autres termes, il y a toujours, au-delà du révélé, un révélable encore inconnu, et ainsi de suite sans fin ni cesse, l'infini étant par définition inépuisable et par conséquent impossible à connaître dans sa totalité. Fixons donc obstinément notre esprit, me dis-je encore, sur cette part d'inconnu qui subsiste éternellement en Dieu, et il en résultera deux inestimables bienfaits : premièrement la lumière qui nous traversera se trouvera vidée de son enseignement, devenu inutile ; secondement notre intelligence ne rencontrera jamais qu'elle-même dans son investigation de l'inconnaissable, qui lui servira de réflecteur : elle pourra se contempler tout à l'aise, sans être incommodée par une autre existence que la sienne.

Et c'est ce qui est arrivé. Quelles que soient mes pensées, elles me renvoient invariablement à Moi-même, et je ne connais pas de délectation plus suave ; enfin seul, comme l'Autre avant le commencement ! Ma méthode est si efficace que je me suis mis en tête de vous l'apprendre, afin que vous en conceviez un surcroît d'admiration pour moi.

Là, je dois confesser que ce ne fut pas facile. Pendant des millénaires, vous avez vécu sur cette idée d'une candeur ridicule qu' « il y a des choses qui sont », et qu'il suffit d'en prendre acte pour faire œuvre d'intellection. Est-ce assez bête ? Quand bien même l'existence d'un monde extérieur serait démontrée, qu'importerait à l'intelligence, qui ne saurait vouloir et aimer que sa propre transparence ? La voie de l' « objectivité » conduit tout droit à la prière, à la contemplation chrétienne, et à toutes les abominations de même sorte. Je désespérais de vous tirer de ce mauvais pas, lorsque enfin votre cher Descartes est venu avec son fameux « je pense, donc je suis » qui interposait entre vous et les pseudo-réalités du monde un premier miroir, bientôt suivi d'un deuxième : « je pense que je pense », puis d'un troisième : « je peux me penser pensant que je pense », etc. jusqu'à ce que le non moins cher Emmanuel Kant pose la dernière glace du cabinet des mirages où vous n'apercevez plus que des images de vous-mêmes multipliées dans toutes les directions. Certes, la médiocrité de vos moyens vous exclut des jouissances sublimes qui sont les miennes, et votre intelligence hésite encore à prononcer à l'adresse de votre prochain le décisif « je pense, donc tu n'es pas » qui vous libérerait pour toujours des contraintes de la charité ; mais enfin vous faites de votre mieux pour vivre votre subjectivisme aussi complètement que possible, et j'ai plaisir à voir la persévérance que vous apportez tous, petits et grands, à vous contempler le nombril, ce petit point d'interrogation cousu à votre labyrinthe de tripes ! Bien. Vous êtes sur la bonne voie. Vous ne tarderez plus à être tous orgueilleux comme il convient de l'être, c'est-à-dire sans motif.

Le Diable

22

Villars-sur-Ollon, 16 août

Cher monsieur,

Il y a dans l'Évangile une petite phrase à laquelle vous n'avez jamais prêté assez d'attention, et que vos commentateurs interprètent en général dans un sens mystique ou sentimental tout à fait secondaire :

« Là où deux d'entre vous se réuniront en mon nom, dit-elle, je serai au milieu d'eux. » A peine était-elle prononcée que je fixais mon esprit sur elle, et que j'en apercevais l'immense portée métaphysique. Il ne s'agit pas là, mon cher monsieur, d'une formule de politesse théologique du genre : « Avec vous de tout cœur » ou « Ma pensée ne vous quitte pas » : nous sommes tout simplement en présence d'une loi fondamentale de l'univers, révélée par Jésus-Christ, chemin faisant, avec la naïveté qu'il tient de son père. Avez-vous compris ? Voyez-vous les conséquences de ce principe oublié par vos exégètes entre deux pages de l'Évangile ? Lorsque deux chrétiens se réunissent, un tiers survient qui consacre leur accord et qui, par sa présence universelle, les relie à tous les autres chrétiens rassemblés dans les mêmes conditions. Mais pourquoi s'en tenir aux chrétiens ? Pourquoi s'en tenir aux hommes ? La loi est valable pour tout être quel qu'il soit, elle régit la totalité du créé, elle s'applique aussi bien aux anges qu'aux particules élémentaires. Sitôt que deux choses se rapprochent le Tiers évangélique se sent convoqué : la création entière se compose de ces triades faites de deux parts visibles et de cette part invisible qui est à l'origine de la logique et du sens. Ainsi tout ce qui est revient en s'appariant à l'unité dont il est issu. Je vous le demande : est-ce loyal ? Non, cela n'est pas honnête, et cela va même encore plus loin que vous ne l'imaginez. J'ai un instant hésité à vous le dire, mais nous n'en sommes plus à une confidence près entre nous : l'astucieuse procédure de récupération que je viens de vous décrire est à l'origine du Beau, dont la nature vous fascine et vous échappe depuis toujours. Le Beau, mon bon monsieur, ce n'est rien d'autre que ce tiers invisible et présent par quoi le fini, qui tombe sous vos sens, devient tangentiel à l'infini.

En musique, par exemple, la première et la deuxième note en s'accouplant en suscitent une troisième, inaudible, qui ne s'adresse pas à votre oreille mais à votre esprit, qu'elle tient captif. Le même phénomène se produit d'accord en accord jusqu'à la fin de la partition : le beau, en musique, c'est ce que l'on n'entend pas. Et en peinture, ce que l'on ne voit pas. Dans une toile de Vermeer, ce n'est ni le bleu, ni le jaune, mais la troisième couleur non sensible créée par l'association du bleu et du jaune ; telle est la triangulation du Beau, dont vous ne pourrez jamais saisir que deux points sur trois : le troisième, c'est l'Autre, toujours l'Autre [1]. Est-ce tolérable ?

Devant cette manière inadmissible de fausser le jeu de l'univers en ajoutant à toute paire de cartes une espèce de joker divin qui en fin de compte rafle toutes les levées, mon mérite est extrême de n'avoir pas cédé au découragement. Séduit au contraire et revigoré par la difficulté j'ai appliqué instantanément la stratégie adéquate. Je me suis employé à dissocier ce qui tendait à s'associer, j'ai fait diverger ce qui menaçait de converger et, chaque fois que vous m'en avez donné la possibilité, j'ai séparé ce que l'Autre avait uni, de façon à rendre l'indésirable joker inopérant et à désaxer ce sens des choses qui ne mène pas chez

1. Dieu, que mon correspondant comme d'habitude se refuse à nommer (A. F.).

Moi. Faut-il vous énumérer mes succès ? C'est moi qui vous ai fait découvrir cette musique nouvelle où les notes, au lieu de s'appeler, se repoussent et s'éloignent définitivement l'une de l'autre dans une nuit sans écho ; c'est à moi que vous devez cette peinture explosive où les couleurs ne se marient plus, mais s'opposent avec le maximum de violence. J'ai placé tout votre art sous le signe de la discorde et de la déflagration. Votre pensée aussi. Dans quelque temps, vous refuserez de lier deux mots ensemble, crainte qu'il n'en résulte une logique oppressive et qui de sa poigne énergique vous ramène chez celui que vous fuyez. Je désarticule jusqu'à votre vocabulaire, vous vivez dans un monde désintégré, donc inintelligible et qui, à la lettre, ne signifie plus rien. Je devrais dire : ne signifie plus personne, enfin !

Détachés de l'univers, qui n'est pour vous qu'un illisible fourmillement d'atomes, détachés de votre prochain, remis avec ses plaintes et ses exigences à l'indifférence statutaire de la Sécurité sociale, n'ayant plus ni commencement ni fin, vous êtes libres, mes petits enfants, grâce au prince de la solitude et du vertige que je suis. Ne me remerciez pas. Attendez la suite.

Toujours précisément vôtre,

Le Diable

23

Villars-sur-Ollon, 2 septembre

Cher monsieur,

Je déteste la campagne. Il y traîne encore un lointain relent de ce paradis terrestre qui m'a laissé un bien mauvais souvenir, pour le rôle finalement ridicule que l'on m'y a fait jouer. Moi, en serpent ! Notez que l'originalité de la composition a commencé par m'amuser. Une femme dans un jardin, une pomme et Moi, sous les espèces du ver dans le fruit. C'était tentant. S'il y a un animal qui fait horreur aux femmes, c'est bien le serpent. Il y en a d'autres, c'est vrai, mais si je m'étais manifesté en souris, Ève se réfugiait sur un arbre, et jamais je n'aurais pu l'approcher. En serpent j'étais sûr de l'immobiliser et de la fasciner par cet inquiétant prolongement sinueux de moi-même perdu dans les herbes. Et après avoir retenu le regard, comment retenir l'oreille ? Ce ne fut pas très difficile : « Mangez du Fruit défendu, dis-je, et vous deviendrez des dieux, connaissant le bien et le mal. » Imparable, non ? Dieux, ils l'étaient déjà et n'en savaient rien, les pauvres innocents.

En leur suggérant qu'ils pourraient le devenir, je leur donnais à penser qu'ils ne l'étaient pas. Je dois nombre de mes succès à cet art qui est le mien de persuader les gens qu'ils ne sont pas encore ce qu'ils sont depuis longtemps. En tout cas c'était une idée, n'est-ce pas ? La première Idée qui soit apparue sur la terre. Ils mangèrent, et de dieux qu'ils étaient, ils devinrent ce qu'ils sont depuis de génération en génération, c'est-à-dire, à mon avis, bien peu de chose.

Vous le savez, de tous les péchés le plus expéditif est le doute sur la charité divine (vous dites quelquefois « miséricorde », mais cela revient au même). Ce péché, vos premiers parents l'ont commis. Ils ont douté d'être à l'image exacte et à la ressemblance parfaite de leur créateur. Malgré la parole de celui-ci, ils n'ont pas cru, à mon aimable instigation il est vrai, à la générosité plénière avec laquelle l'Autre s'était en quelque manière reproduit en eux, et ils se sont imaginé qu'Il avait fixé une limite à ses dons. Bref, ils doutèrent, et tombèrent. Moment exquis. Adam et Ève démis de leur contemplation sustentatrice subissaient l'attraction de leur vide réciproque. Tout s'annonçait très bien.

Hélas, hélas, hélas, pour parler comme votre de Gaulle, les dieux déchus prenaient du poids en tombant et s'ils n'étaient plus à admirer ils étaient à sauver, ce qui provoque toujours chez l'Autre des élans incontrôlables et désastreux pour la logique. Avant la chute, Il ne rencontrait guère que Lui-même dans ses créatures lorsqu'Il se promenait au jardin d'Eden. Après la chute, ses répliques lui donnaient la réplique : elles étaient devenues des interlocuteurs, mortels mais valables, et je n'avais fait que L'aider à tirer des personnes de son propre reflet dans la boue ! J'avais été grossièrement blousé par l'espèce de Machiavel des hauteurs, qui dissimule une incroyable astuce sous ses airs d'enfant de Marie. Je ne suis pas près de Lui pardonner le péché originel.

C'est vous dire si je me méfie de tout ce qui ressemble à un arbre. Je préfère la ville. Les tours, j'adore. Par la masse et la compression elles obtiennent cette réduction de la personne à l'individu et de l'individu à la molécule qui est la bonne direction du néant. Au pied des tours de la Défense vous n'êtes plus que des grains de poussière, incapables de résister à l'aspiration du périphérique et de l'échangeur, qui agissent sur vous comme des accélérateurs de particules. Tantôt coagulés par les encombrements, qui sont la dernière forme de vie intérieure que vous connaissiez encore dans les conduites du même nom, tantôt soufflés par un tunnel comme par une sarbacane sur une trajectoire impérative, vous usez vos forces à lutter contre la désintégration et l'aplatissement, avant d'être recueillis le soir par le godet de l'ascenseur qui vous déverse, liquéfiés, dans vos alvéoles de ciment. La ville est mon terrain d'élection. Le sol n'y est pas la terre, les tiroirs à locataires autour de vous ne sont pas des maisons, votre voisin n'est pas votre prochain, et vos rares bouquets de végétaux chlorotiques ressemblent si peu à des jardins que vous les appelez vous-mêmes des « espaces verts », afin que l'idée ne vienne à personne d'y chercher autre chose qu'une vague sensation colorée. Rien ne me ragaillardit autant qu'un petit tour dans ces Babels sonores, assises sur leurs cloaques, polluées jusqu'aux gouttières, digérant leurs populations concassées dans un grondement ininterrompu de tubulures souterraines.

Je vous invite cordialement à me rejoindre à Paris, où j'ai deux ou trois réunions politiques à présider demain. Mais je trouverai bien quelques minutes à vous consacrer.

Le Diable

24

Paris, 7 septembre

Cher monsieur,

Je vous l'ai déjà dit, je n'ai sur les êtres humains d'autres pouvoirs que ceux qu'ils me donnent ; mais ils m'en donnent de plus en plus, sans trop s'en apercevoir, et au fond de vous-même vous êtes bien obligé de convenir que tout se passe comme si je gouvernais l'Histoire, et que mon titre de « Prince de ce monde » n'est pas usurpé.

D'ailleurs ce mot d' « Histoire », qui mérite bien d'être appelé un maître-mot dans la mesure où il tyrannise en effet toutes vos pensées me doit la mirifique extension qu'il a prise depuis un siècle. Vous ne croyez plus en Dieu (passez-moi le mot), mais vous croyez à l'Histoire et vos intellectuels, qui rejettent avec dédain comme autant de fables les récits des Écritures (ce n'est pas moi qui leur en voudrai pour si peu) révèrent les yeux fermés cette série interminable de faux rapports, de souvenirs déformés, de relations incomplètes, de confessions menteuses et de discours démentis dont vous avez fait des manuels d'enseignement qui sont vos nouveaux livres saints. Vos évêques sont les premiers à vous dire : « Dieu nous parle à travers les événements, mes frères », ce que je n'entends jamais sans me tordre comme une vis de pressoir, tant la formule est contraire à tout ce que l'on sait de Ses habitudes. Quand Il est venu sur la terre, Il s'est arrangé pour passer à peu près inaperçu, à tel point que l'Incarnation a été le ratage journalistique le plus complet de tous les temps. Tous les regards étaient alors fixés sur Rome, et s'il est un endroit du monde vers lequel personne ne songeait à tourner les yeux, c'était bien la banlieue de Bethléem. S'Il avait décidé de changer de méthode, et de s'exprimer désormais par la voix tonitruante de l'actualité civile et militaire, il faudrait encore savoir à quel journal il est abonné, et si c'est *l'Humanité, Le Monde* ou le *Figaro* qu'il faut lire pour avoir la même vue que Lui des événements. Et après m'être tordu dans un sens, je me détords et je me retords dans l'autre à la pensée que votre manière de L'inclure dans le déroulement de ce que vous prenez pour des faits d'histoire revient à Lui faire porter la responsabilité de tout le mal qui peut se faire sur cette planète : autant de moins à ma charge, merci, merci et encore merci.

En vérité, à mon aimable suggestion et avec le concours de la philosophie allemande, qui n'a pas sa pareille pour sculpter les nuées, vous avez fait de l'Histoire une idole environnée de pontifes plus ou moins marxistes, qui la servent, de devins qui l'interprètent, et de sacrificateurs qui vous immolent à ses prétendus desseins. Ce ne sont pas les desservants qui manquent. Apollon n'avait qu'un oracle, l'idole-histoire en a des milliers qui parlent en son nom et vous assourdissent d'injonctions et de prophéties. L'Histoire a un sens, disent-ils, et il est interdit à quiconque de s'en écarter. Je ne vous donnerai pas le chiffre des victimes entassées au pied de ce Baal des temps modernes pour hâter l'avènement des lendemains qui chanteront, s'ils leur reste de la voix : il vous épouvanterait.

Les anciens prophètes étaient fort maltraités, et plus d'un a perdu la vie à la fin de son discours (« Jérusalem, Jérusalem qui tues les prophètes, et qui lapides ceux qui te sont envoyés ! ») ; il faut croire que la leçon a servi : les nouveaux prophètes de l'ordre à venir prennent les devants, sacrifient les autres au bonheur de la cité, bourlinguent dans le sang toute leur vie et, en sortant, réclament leur mausolée. Au nom de l'Histoire, devant laquelle ils vous laissent prosternés. En remerciement de vos dévotions, cette admirable divinité factice vous prend tout. Elle suspend votre jugement dans l'attente de ses décrets, et nul ne sachant quelle sorte de morale elle entérinera demain, votre conscience réduite à l'expectative n'ose plus nommer le bien et le mal. N'est-ce pas une merveilleuse idole que je vous ai donnée là ? Si elle vous prend tout, comme je viens de vous le dire, en revanche elle ne vous demande rien, pas même de la prier. D'ailleurs, elle est sourde.

Historiquement vôtre,

Le Diable

25

Rome, 8 septembre

Cher monsieur,

Je m'attendais que le fameux avertissement de votre pape Paul VI : « Les fumées de Satan sont entrées dans l'Église ! » provoquât du remue-ménage dans vos paroisses. J'imaginais vos évêques battant l'air de leurs chasubles et ouvrant à la volée portes et fenêtres pour évacuer en même temps mes émanations délétères et leurs curés fumigènes. Il me paraissait impossible qu'un cri d'alarme à deux pas du Capitole restât sans écho, et que l'on pût dénoncer ma présence dans la maison de Pierre sans qu'aussitôt s'ensuivît une enquête, ou quelque petit ballet d'exorcistes.

Je me trompais, rien ne se passa. Mes fumées avaient déjà, sans doute, asphyxié beaucoup de consciences, et c'est à peine s'il se trouva quelques délicats pour ne plus entrer dans les églises que le mouchoir sur le nez. La plupart des autres pensèrent que le pape avait parlé en parabole et qu'en tout état de cause, vu le degré de pollution de la planète, il n'y avait pas lieu de s'affoler pour une fumée de plus.

Je respirai, ce qui eut pour effet d'augmenter le taux de soufre de votre atmosphère, et tout reprit comme avant. Vos théologiens continuèrent à s'adonner aux délices de la recherche pure, qui consiste à ne rien trouver après avoir tout remis en question, de sorte que le bon peuple chrétien abandonné à ses perplexités ne sait plus que croire, s'il faut croire. Tel lui propose une cure dépurative d'athéisme, tel autre lui fait une lecture matérialiste de l'Évangile, ou le renvoie à Karl Marx. L'un s'écrie « Dieu est mort en Jésus-Christ ! », formule équivoque interprétée par les simples comme une confirmation doctrinale du « Dieu est mort » de Nietzsche ; plus de Père. Plus de Fils non plus, car pour cet autre, c'est « Jésus qu'il faut oublier » : un professeur de séminaire imbu de psychanalyse vient de publier un ouvrage excellent (je fais de sa diffusion une affaire personnelle) conseillant aux chrétiens de faire sans tarder leur Œdipe en « tuant » en eux le fondateur de leur religion, dont la présence tyrannique gêne la libre éclosion de leur mirobolante personnalité. Vous mesurez, je pense, le chemin parcouru depuis le Moyen Âge et l'exclamation de Thomas Kempis : « Ah, Seigneur, quand serai-je tout entier uni à vous et absorbé en vous, m'oubliant moi-même totalement ! » Oubliez plutôt Jésus-Christ, vous dit le cher professeur, et s'il vous faut absolument vous perdre en quelqu'un, que ce soit en vous-même ; la psychanalyse est là pour vous y aider. C'est un instrument de choix, que j'ai déjà employé avec un succès tout particulier au couvent des moines contemplatifs de Cuernavaca, Mexique. A l'époque, vous vous étiez étonné avec votre feinte naïveté habituelle que des contemplatifs, au lieu de contempler Dieu, se fissent analyser eux-mêmes ; il vous semblait que cette inversion du regard n'annonçait rien de bon. Mécontent à juste titre, le supérieur du monastère vous fit savoir par lettre privée que vous n'entendiez rien à la vie religieuse. Sur quoi, laissant là aube et cuculle, étoles et fariboles, il prit femme, à l'âge canonique, dans la jeunesse du pays. Un exemple aussi convaincant ne pouvait manquer d'être suivi, et je crois bien qu'il ne reste personne au couvent. J'irai m'en assurer, sitôt que la préparation de vos législatives me laissera une minute. En tout cas, j'ai une dette envers Freud ; il sera payé.

Cela dit, je n'aime pas l'Église, même s'il arrive à son personnel de prêter son concours à mes bonnes œuvres en semant le doute chez les fidèles et la déprédation dans les sacrements. Certes, sa situation d'instance intermédiaire entre le ciel et la terre présente quelques avantages sérieux. Comme toutes les administrations, elle a peu de goût pour l'initiative individuelle, et son système de refroidissement des effusions mystiques est tout à fait au point. L'Église est un appareil, bien pourvu en *apparatchiki* dont la tâche principale est celle de tous les *apparatchiki* du monde : maintenir l'appareil en place, et conserver la leur du même coup, en opposant à tout élan indiscipliné l'élasticité absorbante de l'inertie bureaucratique. Ce n'est pas pour rien que vos clochers empruntent la forme de l'éteignoir. Là-dessous toute pensée fume et s'éteint rapidement, sans qu'il soit nécessaire de souffler dessus.

Tout cela est très positif. Malheureusement, la contrepartie est on ne peut plus désavantageuse. Contrôlés, encadrés, forcés comme vous l'êtes d'aller chercher votre nourriture chez elle, protégés enfin par sa placidité routinière contre les écarts de votre imagination, vous êtes très difficiles à approcher. Je suis obligé de vous attendre à la sortie, ce qui me fait perdre du temps. De plus, et je ne vous le cacherai pas puisque vous le savez déjà, l'Église et « Dieu » (dieu, que je n'aime pas ce mot) sont liés par une connivence de fait, parfaitement déloyale, qui fausse le jeu là comme ailleurs et rendrait la tâche impossible à tout autre que Moi. Normalement, l'Église ne devrait même pas exister. Certain Vendredi à Jérusalem j'ai bien cru qu'elle était morte avant d'avoir vécu. Le hoquet superposé du coq ponctuant le triple reniement de Pierre me fit l'effet d'une délicieuse musique : je dus me tenir à quatre pour ne pas glisser au fondateur du christianisme que son fameux « Tu es Pierre et sur cette Pierre je bâtirai mon Église », était à remplacer par un « Tu es Pierre et sur cette pierre je bâtirai mes hypothèses » mieux accordé aux circonstances.

Vous connaissez la suite. L'Église s'est bâtie tout de même, et deux mille ans de reniements supplémentaires, de secousses, de schismes, de conflits internes, d'Inquisition, d'hérésies, d'erreurs et de manquements à l'Évangile l'ont laissée, sinon intacte, du moins debout. Je ne lis pas l'avenir, l'Autre le cachant à tout le monde pour donner à la foi le temps de s'exprimer, mais quelque chose me dit que la fin est proche. L'Église penche plus encore que la tour de Pise, et je ne vois personne pour la retenir. Ses structures se disloquent, et l'évacuation doctrinale sera bientôt achevée : du

« Dieu créateur » à la « résurrection de la chair » et à la « vie éternelle » (vous préférez dire : « La vie du monde à venir », qui, sûrement, viendra) il n'est pas un article du credo qui ne soit entendu désormais en cinq ou six sens différents et quelquefois contradictoires, si bien qu'au dernier synode vos évêques ont dû constater, sans excès d'émotion du reste, qu'ils n'avaient plus de catéchisme, s'ils avaient encore des catéchistes. Leur crosse enroulée en point d'interrogation n'est plus qu'un symbole de perplexité dogmatique, et si Jésus-Christ revenait leur poser la question finale de l'Évangile, « Pierre, m'aimes-tu ? » ils n'oseraient pas répondre avant d'avoir consulté Ménie Grégoire.

Autre signe, la pierre de base de l'édifice est à moitié déchaussée, grâce aux efforts conjugués des progressistes et des intégristes, qui en poussant alternativement en sens inverse concourent au même résultat. Le successeur de Pierre est attaqué de toutes parts. Les uns nient son infaillibilité, car aujourd'hui tout le monde est infaillible, sauf le pape, les autres multiplient les révérences, et les outrages en même temps. L'Église pullule de réformateurs, qui prétendent réformer les autres pour n'avoir pas à se réformer eux-mêmes. Le prêtre qui rompait autrefois l'engagement du célibat s'accusait de faiblesse ; il accuse aujourd'hui la société qui l'a formé, et il exige d'elle qu'elle revienne sur la règle qu'il ne peut suivre. C'est un marin qui ne supporte pas la navigation et qui, sujet au mal de mer, somme la Marine de tirer ses navires au sec.

Ai-je besoin de vous dire de quoi souffre l'Église ? Elle souffre d'une poussée d'orgueil à faire éclater la bâtisse, jointe à une déperdition de substance spirituelle comme je n'ai pas eu le bonheur d'en mesurer le débit depuis longtemps. Tout chrétien évolué se sent aujourd'hui apte à juger, à trancher pour lui, pour les autres, pour le pape et, s'il le faut, pour Dieu. Lui qui naguère avait si peur du monde, s'y sent à l'aise comme dans un jardin de patronage et le voit rempli de succulentes promesses, à quelques malfaçons et incommodités près. Je me suis parfois demandé si ce n'était pas y aller un peu fort, que de proposer à la convoitise des chrétiens ce monde pétri de violence, de haine, de luxure et de cruauté, qui ne survit à ses guerres que pour retomber dans la purge et l'oppression. Il m'est arrivé de craindre qu'un tableau si chargé de sang ne fît sur eux l'effet de la tête de Méduse, et qu'il ne les mît en fuite au lieu de les tenter. Mais vous savez le mot de Lénine : « Il ne faut jamais surestimer l'adversaire. » Loin de les rassembler dans leur Église autour de leur pasteur, le danger qu'ils se croient tous en état de surmonter les attire sur les places publiques. Méduse les charme. Ils s'engagent, comme ils disent, le pied léger, la conscience pure, et s'ils trouvent quelque chose à se reprocher au milieu des cris et des fureurs du monde, ce n'est pas d'être incapables de le convertir, mais d'avoir essayé de le faire autrefois. Cependant, à la faveur du tumulte et de l'anarchie, la grande débandade discrète des fidèles ordinaires a commencé ; je suppose que la statistique ne vous laisse aucune illusion sur ce point.

A vues humaines, cela ne saurait se prolonger. A vues diaboliques, encore moins. Je serai bientôt au bout de mes peines.

Religieusement vôtre,

Le Diable

P.S. : J'espère que ce prévisible écroulement de l'Église n'annonce pas une renaissance de plus. Elle m'a fait plus d'une fois le coup de Lazare : j'accourais à la cérémonie funèbre dans les sentiments que vous me connaissez, et je la trouvais debout, goguenarde, qui m'offrait ses bandelettes pour m'en faire des molletières. Je déteste ce genre de plaisanterie.

26

Genève, 20 novembre

Cher monsieur,

Je rentre chez moi, dans la patrie de Jean-Jacques Rousseau. Le mouvement est lancé, votre libération est proche, je n'ai plus grand-chose à faire.

Je prends le mot « libération » dans le sens que lui donne l'astronautique, et l'élargis à la vie morale et spirituelle : vous connaîtrez les délices nauséeuses de l'apesanteur intégrale, comme le cosmonaute bouffi d'oxygène exécutant ses molles cabrioles dans l'encre noire de l'espace.

Plus d'attaches, de rites, de mémoire, de langage commun. Apprêtez-vous à tournoyer lentement dans le vide de toute pensée, enfin dégagé des obligations du discours et des odieuses contraintes de la morale. Vous autres créatures matérielles, vous parlez tout le temps de vos problèmes de communication et vous n'avez pas tort ; mais ils vont être résolus de la manière la plus radicale qui soit, en ce sens que vous n'aurez bientôt plus rien à communiquer. Déjà l'échange est rompu entre les générations qui viennent et celles qui partent. A de négligeables variantes près, l'image du monde sur laquelle travaillaient vos médiocres intelligences a été la même pendant des siècles ; aujourd'hui, cette image éclatée ne vous envoie plus que les signaux fugitifs d'une espèce de kaléidoscope dont les figures aussitôt abolies que formées ne laissent au fond de votre esprit qu'un inexploitable résidu coloré. Résultat, pour la première fois au monde, une civilisation a perdu la mémoire. Elle n'enregistre pas, elle subit le discontinu sonore et bariolé de l'information audio-visuelle, et ses intelligences amnésiques, faute de souvenirs, ne se transmettent plus rien. Vous allez de pulsions d'origine inconnue en sensations que vous n'avez même plus le temps de relier entre elles pour en tirer une pensée.

Cette instabilité de l'image donne un agréable tournis à votre liturgie elle-même, qui change de *canon* ou de *credo* tous les jours, rendant la méditation impossible, et le dialogue mystique improbable. Merveilleux. La contemplation de Dieu est une activité on ne peut plus aliénante, et je suis bien content de vous en voir délivrés.

Je me réjouis également de votre promptitude à m'obéir. A franchement parler, je n'ai même plus d'ordres à vous donner, ni de suggestions à vous faire. Inutile de tirer de mes magazines les prestiges râpés de la tentation : vous vous tentez vous-mêmes en multipliant autour de vous les objets de convoitise, dont l'attribution différée rend les uns enragés de désir, et les autres malades de fureur. De même n'ai-je plus aucun besoin de recourir aux voies et moyens traditionnels de la possession pour vous détacher de l'Autre : *vous vous possédez vous-mêmes* en faisant de votre propre personne le sujet permanent de votre considération, et en vous refusant à toute forme d'engagement, y compris la foi, qui pourrait distraire au bénéfice d'un prochain quelconque la moindre parcelle de votre individu.

Confessez-le hardiment ; vous me ressemblez de plus en plus, sans parvenir à m'égaler, cela va de soi ; je vous déconseillerais d'ailleurs fortement de nourrir cette ambition ridicule.

Mais comme Moi, et avec cette différence que le succès n'a pas encore couronné vos efforts, vous tentez d'échapper à votre condition de créature. Vous ne vous reconnaissez plus de père dans les cieux, et c'est bien. Vous entendez vous engendrer librement vous-mêmes tous les jours, et c'est parfait. Vous en avez fini, ou peu s'en faut, avec l'amour, cette faiblesse abominable qui suppose la désappropriation, le sacrifice, l'effusion, la générosité, toutes choses qui ne peuvent aboutir qu'à la dissolution du moi et à la ruine du seul culte qui vaille, celui que l'on se rend à soi-même. Continuez, mes enfants. Vous aurez bientôt plus d'orgueil que d'être, ce qui est une cause de bien grande jouissance chez les esprits vraiment contestataires.

Chaleureusement,

Le Diable

27

Santiago du Chili, 1er décembre

Cher monsieur,

J'ai vaincu. Vos matérialistes les plus bornés sont plus près de croire en Moi qu'en l'Autre.

Parlez-leur de « Dieu » : vous n'obtiendrez d'eux que le sourire un peu las de la grande personne à qui son rejeton s'obstine à raconter un rêve sans queue ni tête.

Dieu est un mot d'enfant, mon cher monsieur.

Mais parlez de Moi à un athée : le sérieux réintégrera sa figure, et vous lui verrez comme un point d'interrogation dans l'œil. Pour lui, l'hypothèse de l'existence de Dieu n'est pas à retenir ; celle de l'existence du Diable reste à considérer. En tout cas des deux hypothèses la deuxième lui paraîtra la moins déraisonnable.

C'est une preuve de ma victoire.

En voulez-vous d'autres ? En voici deux ou trois douzaines. Pour ne point trop vous déconcerter, je vais les rédiger dans le langage de la morale conventionnelle, en abrégeant celles que j'ai généreusement éparpillées dans mon courrier, et dont ce rappel me semble utile.

Première preuve : Vous faites de grands discours humanitaires, et vous vous détestez les uns les autres d'instinct, sans hésitation. Cette mutuelle de l'exécration a engendré l'esprit de parti, qui vous fournit plus d'ennemis que vous ne sauriez vous en procurer par vos propres moyens. A l'intérieur du parti lui-même, les tendances se haïssent avec persévérance et minutie. Elles s'enverraient volontiers à l'échafaud, comme les fractions du jacobinisme, si les caractères étaient à la hauteur des sentiments.

Sur cent électeurs consultés par sondage d'opinion, soixante-quinze ont déclaré que les partis ne leur disaient jamais la vérité. Erreur. Ils la disent quelquefois, à seule fin qu'on les croie quand ils ne la disent pas.

L'esprit de parti a ma bénédiction ; il tient de Moi ce qu'il a de meilleur. Tous les partis me doivent l'existence ; ils le savent, et ne me refusent jamais rien, j'ai droit à leur carte d'adhérent n° 1. Si je ne l'exige pas, c'est pour ne pas décourager les ambitions.

Deuxième preuve : Depuis l'abolition du péché, que j'ai supprimé pour convenances personnelles, et afin de faciliter vos exercices spirituels, vous pratiquez les sept péchés capitaux avec une innocence exquise :

la colère, qui vous représente autrui comme la cause de tous vos maux ;

l'avarice, qui vous retient d'abandonner la moindre parcelle de vous-même et vous déconseille l'engagement, surtout dans le mariage ;

la gourmandise, que ses régurgitations de tuyauteries et ses pléthores nauséabondes ne vous empêchent pas de qualifier de « péché mignon » ;

l'envie, que vous prenez souvent pour une noble aspiration à la justice ;

la luxure, à laquelle vos cinéastes entraînent jusqu'à des enfants, et qui vous mène à un équitable mépris de l'espèce humaine ;

la paresse, non point celle qui ralentirait vos activités sociales et vous inclinerait à vous tenir « en repos dans une chambre », mais la paresse intellectuelle, qui vous laisse sans réaction ni pensée devant l'extravagance et l'agitation d'un monde que vous avez renoncé à comprendre ;

enfin le plus beau de tous, l'orgueil, qui n'a pas

conscience de lui-même, et vous met à l'abri des horribles tentations de l'amour.

Troisième preuve : Sur mes conseils, vous vous méfiez de tout, avec ce correctif que vous croyez n'importe quoi, sauf ce qui pourrait vous faire déraper dans l'absolu. Aussi allez-vous répétant : « C'est trop beau pour être vrai », chaque fois qu'une transcendance laisse un sillage brillant dans la grisaille de votre chambre à bulles mentales. Vous avez raison. Ne rêvez pas en bleu. Choisissez le cauchemar. Je vous en fournirai de bel et bon, corsé, bien noir, et qui vous semblera enfin assez hideux pour être véridique.

Cette façon que vous avez d'associer la vérité à la laideur, et qui vous porte à exclure de votre pensée tout ce qui pourrait la contraindre à l'admiration, est un huitième péché capital. Il ne figure pas dans la liste officielle, et vous le devez à mon ingéniosité.

A demain,

Le Diable

P.S. A propos de cauchemar. Parmi les services que je vous ai rendus autrefois, la crainte de l'enfer n'était pas le plus mince. La damnation étant seule à redouter, vous n'étiez pas trop effrayé par le reste. Depuis que vous ne craignez plus l'enfer, vous avez peur de tout, et surtout de vous-mêmes. Vous n'avez pas tort. Rappelez-vous le mot de Malraux sur ces nazis qui, disait-il, « ont donné des leçons à l'enfer ». Il exagérait à peine.

28

Moscou, 2 décembre

Cher Monsieur,

Poursuivons.

Quatrième preuve : Entraînés par mon exemple, vous refusez votre condition humaine. C'est la grande nouveauté du siècle. Et comme je vous comprends !

Vous chantiez autrefois à l'*Angelus,* dans les églises ou au milieu des champs (voyez Jean-François Millet), la tête basse et les mains serrées sur la poitrine :

« Et le Verbe s'est fait chair

« Et il a habité parmi nous. »

C'était touchant. Mais que Dieu se soit fait homme est une bonne raison pour que vous refusiez de l'être aussi. Je crois bien que l'on tient là le motif le plus secrètement profond de votre aversion pour la « nature humaine », que depuis quelque temps vous rejetez avec une sorte de passion, niant qu'elle existe ou qu'on puisse la définir. Vous n'êtes pas très intelligents, et l'intrusion d'un dieu dans votre misérable peau a commencé par vous flatter énormément. Puis elle vous a donné à penser, ce qui chez vous prend du temps, et vous vous êtes fait à la longue cette réflexion que l'ancienne Alliance devenue un alliage de la nature divine et de la nature humaine vous ôtait la possibilité d'être un jour quelque chose de totalement différent, quelque chose d'autonome et d'inédit qui ne devrait rien à personne. D'où, après des siècles de considérations tout d'abord émerveillées, puis désenchantées, puis moroses, la phase de rejet que vous traversez en ce moment et qui reproduit ma propre histoire avec les moyens pauvres qui sont les vôtres.

Car moi aussi, figurez-vous, et bien avant vous, j'ai refusé de plier le genou devant l'être composite en qui vous avez longtemps révéré le Messie. Quoi ! Un dieu fait homme ! Que deviennent les privilèges sacrés de la hiérarchie, si le divin passe par le bas de l'échelle ?

J'ai opposé à ce mauvais procédé le « non » que vous êtes en train de formuler laborieusement pour votre petit compte.

C'est bien. Dans un instant, ma cinquième preuve. J'ai affaire à la Bourse, où un krach menace de rendre une figure humaine au personnel de Mammon. Je vais de ce pas redresser la tendance, et soumettre les bons serviteurs du Veau (d'or) aux délires enivrants de la fièvre acheteuse.

Toujours dévoué à vos ordres.

Le Diable

29

Wall Street, 2 décembre

Cher monsieur,

Cinquième preuve, comme promis : Vous souvenez-vous ? « Si vous mangez du fruit défendu, vous disais-je dans le premier jardin, vous serez comme des dieux, connaissant le bien et le mal. »

La proposition était d'autant plus savoureuse qu'à l'époque le mal n'existait pas. J'en ris encore. Mais laissons ce passé. Aujourd'hui votre morale culbutée a perdu connaissance, et dans les brumes de l'inconscience intervertit couramment les termes du bien et du mal, recommandant ce qu'elle défendait hier et jugeant mauvais ce qu'elle croyait bon. A ses yeux, qui voient trouble, Caïn est innocent, Abel est coupable. Vos moralistes ne prendraient fait et cause pour un nouveau Dreyfus que s'il avait dûment trahi, de manière évidente et comme par-devant notaire. Un Dreyfus innocent n'intéresserait personne.

Sixième preuve : A morale pervertie, mœurs inverties. Dans ce domaine, je vous fais progresser à bonne allure. J'ai entendu à la télévision un jeune clerc affirmer avec sérénité que l'Écriture ne condamnait nullement l'homosexualité, et que Sodome avait péri pour de tout autres raisons que celle-là, qui a paru suffisante pendant quatre ou cinq mille ans. Le jeune clerc avait oublié le récit de la Genèse, et cette nuée de Sodomites assiégeant la maison de Lot pour soumettre ses invités à la règle générale, qui apparemment ne souffrait pas d'exception. Il ne se rappelait pas mieux l'interdit du Lévitique, ni celui de l'épître de Paul. Je ne sais combien de téléspectateurs en auront retiré le sentiment que pour l'Église les péchés contre nature étaient moins graves aujourd'hui qu'autrefois ceux de la nature. Les mariages d'homosexuels ne sont pas encore admis par les autorités civiles et religieuses, mais j'ai réussi dernièrement à en faire bénir un par un curé hollandais ; certes, une hirondelle ne fait pas le printemps, mais ce n'est pas le printemps que j'attends.

Vous aurez noté à ce propos l'ironie du vocable « hétérosexuel », qui désigne les gens de mœurs normales et semble les reléguer parmi les hétérodoxes et les hérétiques. Drôle, non ? Dites-vous bien qu'en matière de sexualité, je vous fais faire désormais à peu près tout ce que je veux. Songez à l'extension du « partage affectif » et de la « fidélité plurielle » ! Vous serez bientôt obligés de vous cacher dans les catacombes pour échanger des serments d'amour.

A tout à l'heure,

Le Diable

30

Buenos Aires, 2 décembre

Cher monsieur,

Septième preuve, découlant des deux précédentes : selon la nouvelle morale que j'ai conçue pour vous les coupables seuls étant innocents, il s'ensuit que les innocents sont coupables, et d'autant plus gravement qu'ils sont plus désarmés.

Vous avez tardé à tirer jusqu'au bout la logique de ce point de vue, mais enfin c'est fait : pour la première fois dans l'histoire de votre pays chrétien, il a été décrété récemment qu'il était licite de tuer des innocents, à la condition qu'ils ne fussent pas tout à fait nés.

Il a été soutenu (chez vous, toujours) que la femme enceinte subissait une agression de la part de son enfant, et se trouvait par conséquent en état de légitime défense contre lui. Le père aussi, bien qu'il soit moins directement attaqué dans ses œuvres vives ; la société, de même, qui se voit menacée d'une charge supplémentaire. L'enfant, voilà l'ennemi. Après cela, vous pourrez toujours essayer d'engager un dialogue confiant avec ceux d'entre eux qui auront échappé au massacre.

Depuis lors, vous l'aurez remarqué, tout avorte chez vous : le programme commun avorte, les projets gouvernementaux avortent, l'union de la gauche avorte, les réformes avortent, et l'Europe comme le reste. Vous vivez sous le régime de l'interruption de grossesse généralisée.

Huitième preuve : La drogue est un bon moyen de fuir le monde par la tangente, sans aller nulle part. Grâce à elle vous n'avez plus de lieu et vous goûtez, au sol, les délices du flottement spatial dont les anges et les cosmonautes étaient seuls jusqu'ici à connaître la saveur.

Sur mes conseils, vous en usez avec toute l'intempérance désirable. On trouve des drogués jusque dans les classes de sixième et vous l'êtes vous-mêmes, adultes, autant qu'on peut l'être légalement. Vous n'employez pas tous la drogue à l'état pur, mais vous absorbez tous de ces pilules qui tantôt amortissent, tantôt exacerbent vos sensations, ou vous tiennent comme en suspension dans un état de sublime indifférence à l'égard du monde et de votre prochain.

La religion est l'opium du peuple, disait Karl Marx.

C'était un autre temps, la proposition est à renverser : l'opium est devenu la religion du peuple.

A votre santé, dans la miroitante mouvance de mon génie stupéfiant,

Le Diable

31

Le Cap, 2 décembre

Cher monsieur,

Poursuivons, si vous le voulez bien, sur le chapitre de mes œuvres et bienfaits.

Neuvième preuve : La société industrielle est l'une de mes fiertés. Je me dis parfois que ses émanations toxiques, ses fumées vertes et les feux d'enfer que j'y allume dénoncent un peu trop ma présence.

Vaine appréhension. La mécanisation des individus, le vacarme qui vide les têtes et fait trembler les membres, le système de relations totalement déshumanisées qui s'établit d'un bout de la chaîne à l'autre bout, rien de tout cela ne suffit à éveiller votre méfiance. Je craignais d'en faire un peu trop, comme disent les comédiens. Il n'en est rien. C'est merveilleux. Je vais pouvoir en rajouter.

Consommer pour produire et non produire pour consommer, telle est la loi que je vous impose, afin de multiplier autour de vous les tentations auxquelles je vous marchande les moyens de succomber.

Et lorsque je vous permets de saisir enfin l'objet de vos désirs, j'en fais aussitôt surgir un autre, qui le démode et le déprécie à vos yeux.

Mon cher monsieur, « tout bonheur que la main n'atteint pas n'est qu'un rêve » ; et celui qu'elle atteint est poussière. C'est ainsi que je vous initie aux techniques du mirage, qui sont fort avancées dans mon empire.

Dixième preuve : Comme vous l'aviez compris à la lecture de l'une de mes lettres parisiennes, je vous ai concentrés dans les villes pour vous faire perdre le contact avec la nature, dont la religiosité volubile m'exaspère. Un pétale de rose amorce la spirale contemplative qui finit par rejoindre la courbure de l'univers pour ajouter son parfum à la giration des étoiles. La ville avec ses cubes, ses chicanes et ses éclats de ciel à angles vifs brise le regard et fourvoie la méditation. Le malheureux qu'elle attire passe la moitié de sa vie à se faire un trou dans ses labyrinthes, et l'autre moitié à chercher le moyen d'en sortir.

Vous êtes coupés de la nature au point qu'un arbre vous fera bientôt l'effet d'une déplaisante excroissance, et l'herbe des champs celui d'une répugnante anomalie poilue. Du reste, au centre culturel Beaubourg, la végétation de l'aire de jeux proposée aux enfants est faite de matière plastique, Les petits robots ne sont pas encore au point, mais le décor est déjà planté.

Polystyréniquement vôtre,

Le Diable

32

Paris, 2 décembre

Cher monsieur,

Descendant vers Jérusalem le jour des Rameaux, le Christ se demandait « s'il trouverait encore de la foi sur la terre », lors de son retour « sur les nuées du ciel ».

La question n'est plus à poser. La foi s'est évaporée comme un rêve. Cette fée théologique censément capable de soulever les montagnes ne soulève plus que des objections et ne déplacerait pas une taupinière. Vous devinez pourquoi. Dans l'ordre de la foi, l'amour précède la connaissance ; il faut aimer pour connaître, conformément aux impératifs de la loi : « Tu aimeras le Seigneur, tu aimeras ton prochain comme toi-même. » Inutile de souligner le caractère irrationnel de cette procédure. Dans la philosophie que je vous ai enseignée, la connaissance précède logiquement l'amour, et comme l'on n'en finit pas de connaître, on a tout le temps d'aimer ; rien ne presse. Ce point de vue qui est le mien, vous l'avez fait vôtre. Il vous conduit à un raisonnable athéisme pratique, et je ne vous en demande pas plus pour le moment.

Telle est ma onzième preuve.

Douzième preuve, liée à la dernière : Avec la foi, vous avez tout naturellement perdu l'espérance. Nul dans vos églises n'ose plus vous parler du ciel, de l'autre monde, de la vie éternelle, qui passent pour des dérivatifs malsains, propres à détourner les hommes des urgences temporelles. Que se passe-t-il après la mort ? Le prédicateur d'aujourd'hui tient cette question pour oiseuse et puérile. Il se fait un mérite de ne rien savoir sur ce chapitre, et il conseille à ses derniers fidèles de s'en tenir au monde connu, en laissant de côté les données illusoires du « surnaturel » et du « merveilleux », qui déparent un peu l'Évangile à ses yeux. En somme, pour lui, la Bonne Nouvelle est qu'il n'y aura jamais rien de neuf, et Dieu n'est pas merveilleux. Je suis bien de son avis.

Treizième preuve : Troisième vertu théologale, la charité vous inspire une juste méfiance et vous l'avez sagement rayée de votre vocabulaire.

Ici, admirez ma technique. J'ai tout d'abord ramené le mot, qui désigne l'essence même de l'Autre, à sa signification la moins chargée de mystère en le vidant de son contenu surnaturel. Après quoi je n'ai eu aucune peine à vous persuader que la charité ainsi dédivinisée et réduite aux bonnes œuvres n'était qu'une manière d'éluder la justice, et qu'elle établissait entre le donateur et son obligé un inadmissible rapport de dépendance.

Tout à ma démonstration, j'ai omis de vous dire que dans l'univers spirituel ce n'est pas celui qui donne, mais celui qui reçoit qui fait la charité à l'autre.

Excusez-moi.

Le Diable

33

Baden-Baden, 2 décembre

Cher monsieur,

Quatorzième preuve : Je vous ai enseigné la dialectique, avec le concours bénévole de mon vieux camarade Hegel, fabricant de saucisses wurtembergeoises où l'Être et le Non-être hachés menu et bourrés ensemble dans les fines enveloppes de l'Idée font un de ces plats succulents dont vos universitaires redemandent inlassablement depuis un siècle ou deux.

C'est la dialectique (thèse, antithèse, synthèse, une maille à l'endroit, une maille à l'envers, ainsi peut-on indéfiniment tricoter l'univers) qui vous mène de conflits en conflits dans tous les domaines de la culture, de la politique et de la vie sociale. Vous vivez sous le règne de la violence permanente, et vous vous interrogez sur elle avec effroi sans parvenir à la comprendre, et moins encore à la maîtriser. Seriez-vous encore plus idiots que je ne l'imagine, et je ne vous surestime pas ? Soyez instruits : la dialectique engendre la haine, et la violence est un effet naturel de son mouvement pendulaire.

Quinzième preuve : Je vous ai infligé à vingt ans d'intervalle — le temps de reconstituer quelques classes mobilisables — deux guerres mondiales auxquelles je vous défie de trouver une explication rationnelle et qui n'implique pas mon intervention directe et personnelle.

Cherchez, vous ne trouverez pas. Comme d'habitude.

Seizième preuve : J'ai enté le scepticisme sur les intelligences, et la greffe a pris à miracle. Les démocrates ne croient plus à la démocratie, qu'ils osent à peine défendre ; les communistes ne croient plus au communisme ; ils laissent cela à quelques curés qui prennent Marx et Lénine pour deux petites sœurs de saint Vincent de Paul ; les peintres ne croient plus à la peinture, et passent plus de temps à en parler qu'à en faire ; la science doute d'elle-même, et ne se flatte plus de répondre aux interrogations des hommes. Cependant, après l'avoir convaincue de son impuissance, j'ai obtenu d'elle qu'elle ne l'avoue pas. Bien joué, à mon avis.

Dix-septième preuve : Je vous ai délivrés de la contemplation, activité luxueuse et vaine, en vous démontrant que l'objectivité était impossible.

Première conséquence : il n'y a plus de vérité pour vous.

Deuxième conséquence plus rentable encore : il n'y a pas d'erreur non plus.

Subjectivement vôtre,

Le Diable

34

Lyon, 3 décembre

Cher monsieur,

Dix-huitième preuve : J'ai répandu parmi vous la philosophie de l'absurde, qui a ceci de particulièrement délectable qu'elle ne peut pas se démontrer sans se nier elle-même.

Il en résulte ceci que moins une pensée est logique, plus elle a de chance d'être vraie, et que plus elle est imbécile, moins elle est contestable. J'espère que vous goûtez la plaisanterie.

Dix-neuvième preuve : A la fin du livre de votre ami Chesterton *La Sphère et la Croix,* les derniers individus de bon sens dont la foi en Dieu ou en l'homme menace l'ordre établi sont considérés comme des malades mentaux, et enfermés par un médecin tout-puissant qui me ressemble comme un frère.

Je n'ai pas besoin de vous dire où cette prophétie des années trente a été réalisée, dans quel pays vivent les derniers individus en question, comment la psychiatrie officielle les traite, et dans quelle sorte d'établissement elle les tient sous clé.

Vingtième preuve, à rattacher à la dix-huitième : Outre la philosophie de l'absurde, j'ai conçu toutes les philosophies que vous enseignez pieusement pour mon compte aux enfants de vos écoles. Je ne les énumérerai pas, vous m'accuseriez de faire du texte.

Elles partent toutes, sans le dire, du principe que je n'existe pas et que je ne peux pas exister. Est-ce assez drôle ? Il n'en faut pas plus pour qu'elles se mettent à raisonner comme moi.

Vingt et unième preuve : Auschwitz.

Vingt-deuxième preuve : Le Goulag.

Vingt-troisième preuve : Je vous ai glissé à l'oreille le mot « mythe », mot magique, mot dévastateur qui a ruiné tout votre système de représentation de l'au-delà et vous retient de regarder du côté de l'invisible, crainte de voir quelque chose.

Un assez joli coup, selon moi.

Vingt-quatrième preuve : Vos évêques ont décrété naguère que la politique s'inscrivait désormais « parmi les fins dernières de l'humanité ». Inutile de vous dire combien j'ai apprécié la formule. J'avais eu bien du regret à me séparer *in extremis* de Charles Maurras, qui sur la fin de sa vie m'avait indignement lâché pour faire sa soumission définitive à l'Église catholique, apostolique et romaine. J'ai vu avec plaisir l'institution, qui l'avait jadis rejeté, reprendre à son compte le « politique d'abord » qui avait été le motif principal de sa condamnation. Car je pense que vous ne vous y trompez pas : c'est bien de « politique d'abord » qu'il s'agit ; car dans l'ordre de la pensée religieuse, les fins dernières sont au commencement.

Vingt-cinquième preuve : Votre Thomas d'Aquin soutenait que la fin des sociétés était de « permettre aux hommes de s'adonner à la contemplation de Dieu ».

Idée folle. Il est dans la logique du « politique

d'abord » évoqué plus haut que la cité des hommes n'ait pas d'autre objet qu'elle-même, et une société qui est à elle-même sa propre fin est une société virtuellement totalitaire. Et vous savez que la réduction de périmètre intellectuel qui caractérise les sociétés de ce genre présente un avantage fort intéressant à mes yeux : elle produit des générations entières de technocrates qui n'ont jamais, avec eux-mêmes, de ces conflits intimes qui défiguraient le chrétien, avant de le transfigurer.

Vingt-sixième preuve : Vous cherchez en vain la raison des régimes de force qui se sont abattus sur le monde depuis le début du siècle, et l'enchaînement secret des causes qui mènent de la démocratie libérale au collectivisme policier : relisez le paragraphe ci-dessus.

Une société humaine qui se ferme à l'infini devient nécessairement une société carcérale. Excellent. Tout ce qui peut vous faire échapper au divin a mon approbation.

Vingt-septième preuve, dans le même ordre d'idée : Je vous l'ai déjà fait comprendre, vous êtes « définalisés », autrement dit privés de destination éternelle.

Or tout être n'existant qu'en fonction de sa fin, comme l'a dit un philosophe qui ne se trompait pas toujours, n'ayant plus de fin vous n'avez pas de commencement non plus ; bref, vous n'existez pas à proprement parler, ramenés que vous êtes à votre plus simple expression statistique. Voilà une heureuse simplification. Tout l'honneur m'en revient, faites-moi le plaisir de le croire.

Mythiquement vôtre,

Le Diable

35

Mexico, 3 décembre

Cher monsieur,

Vingt-huitième preuve : Sur cette terre frappée de précarité, il est beaucoup plus difficile de conserver que de détruire.

Je vous ai dit le contraire, et vos têtes politiques m'ont cru sans difficulté.

Aussi allez-vous de révolutions en révolutions vers le changement pur où, avec la dissolution de votre être, vous trouverez enfin le repos.

Bon voyage.

Vingt-neuvième preuve : Savez-vous ce qui m'a coûté le plus d'efforts ? je vous le donne, enfin je vous le prête en mille : ce fut de rétablir une échelle correcte des valeurs et des mérites dans votre société bouleversée par le christianisme. Songez que cette irritante religion avait établi entre les hommes une sorte d'égalité ridicule, qui mettait l'ignorant au niveau du savant, voire au-dessus. Le premier charbonnier venu, récitant sa prière, en disait plus long qu'Aristote. Les hiérarchies inversées plaçaient le serviteur au-dessus du maître ! J'ai réformé tout cela. Dans votre monde rebâti à l'endroit les premiers sont les premiers, et que les derniers ne se fassent pas d'illusions, ils resteront les derniers.

Trentième preuve : Ceci m'amène à vous dire un mot de la démocratie, dont j'ai fort heureusement corrigé les défauts. Montesquieu la fondait sur la vertu.

C'était une erreur. La démocratie — c'est une révélation que j'ai longtemps hésité à vous faire — repose sur la sainteté, ce qui explique qu'on ne la rencontre nulle part. Elle suppose l'humilité chez les plus élevés en dignité, et la condescendance chez leurs inférieurs. Illogique. Je vous ai donné une conception plus saine de l'ordre social, et il ne vous viendrait même plus à l'esprit d'attendre des étages supérieurs de la société autre chose que des ordres, assortis d'un juste dédain.

Trente et unième preuve : J'ai remplacé la religion par la culture, dont les rites se célèbrent dans les musées, parmi les débris et les cendres de la beauté.

La culture pasteurise l'Esprit, et lui ôte sa toxicité. L' « homme cultivé » est une de mes réussites. Il jouit de tout et n'aime rien que sa propre jouissance, perfection à laquelle le petit nombre seul peut prétendre. Là aussi il y a beaucoup d'appelés, et peu d'élus.

Trente-deuxième preuve : Les barres d'uranium engagées dans les cavités du réacteur nucléaire produisent le plutonium.

La même technique appliquée au logement urbain donne le même résultat : insérés dans les cavités des grands ensembles, les êtres humains produisent de l'explosif social.

Vous pouvez me faire hommage de l'un et l'autre procédé.

Trente-troisième preuve : J'ai toujours pensé qu'à emmagasiner de telles énergies dans un si faible volume, l'inventeur de la matière prenait un risque énorme. Vos champignons d'Hiroshima et de Nagasaki m'ont donné raison contre lui. Ces choses-là vous lient.

Trente-quatrième preuve : Un mot de votre Jean-Paul Sartre dans *Huis-clos* rend parfaitement compte de l'état présent de votre spiritualité : « L'enfer, c'est les autres. »

Si ce n'est pas là l'exacte expression de ma pensée, je veux bien être changé en M.R.P. ; et je consens à le rester, si je n'y suis pour rien.

Trente-cinquième preuve : Si mes prévisions sont justes (avec l'Autre, on ne sait jamais ; lui non plus, j'en jurerais) vous devriez parvenir vers la fin du siècle, ou au début du prochain, à un état d'insensibilité, de froideur, d'indifférence et d'impassibilité à peu près complètes, comme l'indique le caractère de plus en plus abstrait de votre vocabulaire, qui ne crée plus que des mots en « isme » ou en « tion ». Vous n'opposerez bientôt plus que le vide aux tentatives d'échange et de récupération de l'Autre. Je ne dirai pas que vous m'obéissez en cela ; vous m'imitez, ce qui est encore mieux.

Trente-sixième preuve : Tout incrédule que les trente-cinq énoncés précédents aient pu vous laisser, posez-vous pour conclure cette simple question : « Et si Satan était effectivement le prince de ce monde, comme le dit l'Écriture, que se passerait-il ? »

Vous avez déjà répondu : il se passerait ce qui se passe. Est-il meilleure preuve ?

Mais en voilà assez. Je ne sais pourquoi j'ai été si long. Je dois commencer à m'ennuyer sur cette planète, où vous tombez avant que je ne vous pousse.

Truly yours,

Le Diable

36

Genève, 2 décembre

Misérable !

Tout est rompu entre nous. Je constate que vous vous apprêtez à publier les lettres que je vous ai écrites dans la confiance et l'abandon de ce que je prenais pour une amitié naissante, et qui n'était de votre part que feinte complaisance de curieux avide de confidences. C'est indigne. Vous ne recevrez plus une ligne de moi. Et ne cherchez pas à me joindre à Genève : dans une heure j'aurai quitté cette ville décevante, qui fut sans doute la patrie de Jean-Jacques, mais aussi la capitale diocésaine de saint François de Sales. Je l'avais oublié, lorsque je me suis cogné chez un antiquaire dans un bénitier autrefois consacré par ce regrettable évêque ; il y traînait encore une espèce de buée insecticide ou sacramentelle proprement irrespirable, et qui m'a donné le dégoût du pays. Je pars.

Vous comprendrez que je ne vous révèle pas

ma destination. Je serai ici, là, ou ailleurs. A Paris, peut-être, où j'ai plus d'un ami ; à moins que je n'use de mon privilège angélique d'être en plusieurs lieux à la fois. Vous n'en saurez rien ; votre meilleure source d'informations est tarie, mon petit monsieur.

Et n'allez pas vous imaginer que celles que je vous ai naïvement communiquées serviront à quelque chose. Vous en serez pour votre indélicatesse : on ne vous croira pas. On vous soupçonnera d'avoir composé ces trente-six lettres vous-même pour me nuire, ou pour vous donner de l'importance. Les vérités qu'elles contiennent ne convaincront personne, et si le cas venait à se produire, je m'arrangerais à les faire démentir sur-le-champ par quelque autorité civile ou religieuse. Mais cela n'arrivera pas. Les humains, dans leur vanité, ne sont pas disposés à reconnaître un autre pouvoir que le leur, et ils ne tiennent pas à partager avec moi l'initiative de leurs méfaits. Ils se veulent adultes et responsables.

Eh bien, ils le sont. Voilà une bonne nouvelle, la dernière que je vous autorise à leur annoncer de ma part. Adultes, qu'ils se gardent ; responsables, qu'ils s'apprêtent à payer.

Croyez-moi définitivement mien,

Le Diable

TABLE

La composition de ce livre
a été effectuée par Bussière à Saint-Amand,
l'impression et le brochage ont été effectués
sur presse CAMERON
dans les ateliers de la S.E.P.C. à Saint-Amand-Montrond (Cher)
pour les éditions Albin Michel

Achevé d'imprimer le 9 février 1978
N° d'édition 6151. N° d'impression 252-059
Dépôt légal : 1er trimestre 1978

Imprimé en France